Zwischen
Alb und Allgäu

W0344539

Dem brafen Schultheise
und brafen Manne
JOHANNES MAYER
setzt dieses Denkmal
der wahren Hochschätzung
und Freundschaft
sein Oberamtmann
1798

Anton H. Konrad

Zwischen Alb und Allgäu

Der Landkreis Neu-Ulm

Mit Fotos von Anton H. Konrad, Joachim Feist,
Martin Duckek, Wolfgang Bauer, Fritz Schuster,
Wolf-Christian von der Mülbe

Anton H. Konrad Verlag

Herausgegeben vom Landkreis Neu-Ulm

Umschlag
Thronend auf dem einstigen »Bibereck«, dem Burgort der Klosterstifter: einstige Reichsabtei (bis 1802) und seit 1982 wiederbesiedeltes Prämonstratenserkloster Roggenburg, auf der Ostseite des Bibertals über dem »Roggenburger Weiher«

Umschlagrückseite
Sonnenuntergang bei der Finninger Mammaskirche

Frontispiz
Spurensuche auf dem einstigen Burlafinger Friedhof bei der alten Dorfkirche St. Jakob: Grabplatte für den einstigen (Burlafinger) Schultheißen Johannes Mayer † 1798, gesetzt von seinem Oberamtmann, dem »Landrat« des Klosterstaates Söflingen.
Welch ein Dokument der Harmonie zwischen Landrat und Bürgermeister, schon vor zweihundert Jahren!

Die Deutsche Bibliothek – CIP-Einheitsaufnahme

Geßner, Erich Josef:
Zwischen Alb und Allgäu : der Landkreis Neu-Ulm /
Erich Josef Geßner ; Anton H. Konrad. – Weißenhorn : Konrad, 2002
ISBN 3-87437-459-9

© 2002 Anton H. Konrad Verlag 89264 Weißenhorn

Inhalt

Landrat Erich Josef Geßner

Vom Bezirksamtmann zum Landrat

Die Geschichte des Landkreises Neu-Ulm und seiner Verwaltung im 19. und 20. Jahrhundert beschreibt den weiten, teilweise beschwerlichen Weg von der Monarchie zur Demokratie. Das heutige staatliche Landratsamt hat seinen Ursprung im königlichen Bezirksamt, dessen Amtsvorstand der »königliche Bezirksamtmann« war. Leider ist die Geschichte der ehemaligen Bezirksämter Illertissen und Neu-Ulm nicht erforscht! Dies gilt auch für die Biographien ihrer Amtsvorstände. Wenn die Geschichte der königlichen Bezirksämter und ihrer Amtsvorstände wohl auch künftig unerforscht bleiben wird, so liegt dies zu einem Großteil auch daran, dass viele Akten des Landratsamtes Neu-Ulm in der Augsburger Straße durch einen Bombenangriff im März 1945 vernichtet wurden. Deshalb können an dieser Stelle nur die Grundzüge der Entwicklung der kommunalen Selbstverwaltung im Landkreis Neu-Ulm aufgezeigt werden.

Untere Staatsbehörden für das heutige Landkreisgebiet zwischen Donau und Iller waren Anfang des 19. Jahrhunderts die Landgerichte, die damals für die Verwaltung und die Justiz zuständig waren. Neben den staatlichen gab es noch zahlreiche kleinere Herrschaftsgerichte, zum Beispiel das Gräflich Fuggersche Herrschaftsgericht in Weißenhorn.

Im Jahre 1848 hob König Ludwig I. schließlich die Patrimonialgerichtsbarkeit auf, um den Verwaltungsaufbau zu vereinfachen. Von da an gab es nur noch die königlichen Landgerichte. Im Zuge einer großen Neuorganisation des bayerischen Staatswesens trennte König Maximilian II. im Jahre 1862 Justiz und Verwaltung. Die Landgerichte blieben für die Justiz zuständig, die neu geschaffenen Bezirksämter regelten die Verwaltung des Staates auf der unteren Ebene. Als Vorläufer der Landratsämter wurden am 1. Juli 1862 im Amtsbereich des heutigen Landratsamtes Neu-Ulm die Königlichen Bezirksämter Illertissen und Neu-Ulm gebildet.

Das Bezirksamt Illertissen entstand aus den drei Landgerichtsbezirken Illertissen, Weißenhorn und Babenhausen. Zu ihm gehörten 83 Gemeinden. 1880 erfuhr das Bezirksamt Illertissen eine wesentliche Verkleinerung, als insgesamt 39 Gemeinden in die benachbarten Bezirksämter Neu-Ulm, Krumbach und Memmingen umgegliedert wurden. Darunter war der Bezirk des Amtsgerichts Weißenhorn, das dem Bezirksamt Neu-Ulm zugeschlagen wurde.

Das Bezirksamt Neu-Ulm war identisch mit dem Bezirk des Landgerichts Neu-Ulm, das 1842 im Zuge der Errichtung der Bundesfestung Ulm größtenteils aus Gemeinden des Landgerichts Günzburg gebildet worden war. Vor dieser Zeit reichte der Sprengel des Landgerichts Günzburg fast bis vor die Tore Ulms.

1873 zählte das Gebiet des Bezirksamtes Neu-Ulm 16 138 Einwohner in 35 Gemeinden. Doppelt so groß war das Königliche Bezirksamt Illertissen mit 83 Gemeinden und 32 394 Einwohnern. Dies änderte sich mit der Abtrennung des Amtsbezirks Weißenhorn und seiner umliegenden Gemeinden im Jahre 1880. Ab diesem Zeitpunkt gehör-

ten nur noch 44 Gemeinden mit rund 18 000 Einwohnern zum Sprengel des Bezirksamtes Illertissen. Das Bezirksamt Neu-Ulm zählte dagegen 28 000 Einwohner und 56 Gemeinden.
Diese geographische Verwaltungsgliederung, aus der später die Altlandkreise Neu-Ulm und Illertissen hervorgingen, blieb im Wesentlichen bis zur Verwaltungsreform 1972 erhalten. Lediglich Neu-Ulm schied als kreisfreie Stadt am 1. März 1891 aus dem Landkreis Neu-Ulm aus und wurde erst 1940 wieder in den Landkreis Neu-Ulm eingegliedert. Die Kreisangehörigkeit war allerdings nicht von langer Dauer. Von 1948 bis 1972 war Neu-Ulm wiederum kreisfrei, bis es dann schließlich im Zuge der Verwaltungsreform wieder mit dem Landkreis vereinigt wurde.

Leiter der Bezirksämter waren die »königlichen Bezirksamtmänner«, die praktisch als Repräsentanten das Königreich Bayern in ihrem Bezirk vertraten. Der Bezirksamtmann musste die Prüfung für den höheren Justiz- und Verwaltungsdienst abgelegt haben und wurde vom Staat eingesetzt. Er war für die Leitung des Bezirks allein verantwortlich und durfte sich deshalb ohne Genehmigung der vorgesetzten Kreisregierung nicht über 24 Stunden aus seinem Amtsbezirk entfernen. Seine Arbeit wurde regelmäßig durch Inspektionen der Regierung kontrolliert.
Der Bezirksamtmann wiederum musste seine ihm untergebenen Gemeinden und deren Organe regelmäßig bereisen, um sie zu »visitieren«. Er war Vorsitzender des Distriktrates und des Distriktausschusses der Gemeinden. Die bayerischen Distriktgemeinden waren Vorläufer der heutigen Landkreise, standen aber sehr stark unter staatlicher Bevormundung und Staatsaufsicht. Die ersten königlichen Bezirksamtmänner waren in Illertissen Johann Baptist Rupprecht und in Neu-Ulm Franz Müller.
Wie stark Bezirksamt und Bezirksamtmänner auf das Königreich Bayern ausgerichtet waren, soll am Beispiel der Feiern zum 70. Geburtstag von Prinzregent Luitpold im Jahre 1891 verdeutlicht werden. So saßen die Bezirksamtmänner aus Neu-Ulm und Illertissen im Kreis-Festkomitee, das vom Augsburger Regierungspräsidenten geleitet wurde. »Es ist ein Herzensbedürfnis des bayerischen Volkes, den 12. März aller Orten festlich zu begehen und hierdurch den Gefühlen treuester Anhänglichkeit und inniger Dankbarkeit gegenüber dem hohen Jubilare sichtbaren Ausdruck zu verleihen. Die Angehörigen des Kreises Schwaben und Neuburg, deren biedere und loyale Denkweise sich so oft schon in glänzender Weise betätigt hat, werden nicht zurückstehen, wenn es gilt, ein Fest zu feiern, dessen edle Bedeutung alle Wohlgesinnten zu würdigen wissen«, steht in einem Aufruf des Festkomitees, den die Bezirksamtmänner von Fischer aus Neu-Ulm und Eugen Hueber aus Illertissen mitunterzeichneten. Zwei Tage später schon lud der Illertisser Bezirksamtmann alle Honoratioren zur Gründung eines Lokalkomitees, um die Festaktivitäten in Illertissen gebührend vorzubereiten.
Zwanzig Jahre später, bei den Feiern zum 90. Geburtstag des Prinzregenten Luitpold, wurde Bezirksamtmann Alfred Stähler in Illertissen die Prinzregent-Luitpold-Medaille überreicht. Die »Chronik von Tüssen« aus dem Jahre 1911 beschreibt den Ablauf der Feier so: »Am Sonntag den 12. März 1911 wurde auch dahier wie im ganzen Bayerlande mit großer Freude und Begeisterung der 90. Geburtstag unseres allgeliebten Prinzregenten Luitpold begangen. Am Samstag fand für die liebe Schuljugend im festlich geschmückten Rathaussaale eine Feier statt. Am Abend fand in den Hirschsälen eine Festfeier mit Konzert, Gesang und Festreden statt. Der ganze Markt prangte im Flaggen-

schmuck, und Gemeindeverwaltung und sämtliche Vereine marschierten am Festtage mit klingendem Spiele und fliegenden Fahnen zum Festgottesdienste.«

Als am 7. November 1918 in Bayern die Monarchie gestürzt wurde, brach für viele Königstreue, zu denen sicher auch die Bezirksamtmänner gehörten, ein Weltbild zusammen. Diese schwierige Zeit des Umbruchs in der Weimarer Republik meisterte Bezirksamtsvorstand Dr. Karl Risch aus Neu-Ulm während seiner langen Amtszeit von 1902 bis 1930 mit Bravour. Den neuen Trägern politischer Macht stand er nach dem November 1918 distanziert gegenüber und warb nicht nur eifrig für die Einrichtung von Bürgerwehren als Pendant zu den Arbeiter- und Soldatenräten, sondern auch für die Rekrutierung von Mitgliedern im Freikorps »Epp«.

Doch schon bald arrangierte er sich mit den neuen politischen Verhältnissen. Am 25. April 1919, inmitten der Wirren des bayerischen Bürgerkriegs, meldete er an das Regierungspräsidium, »dass der Bezirk Neu-Ulm einmütig auf Seiten der gesetzmäßigen Regierung Hofmann steht«.

Seine großen Verdienste lagen aber nicht so sehr in der Unterstützung der sozialdemokratischen und gemäßigten neuen Kräfte, sondern vielmehr in der Förderung der Landwirtschaft. Der am 9. Mai 1933 in Ulm verstorbene Risch hatte den damaligen Bezirk mit mustergültigen, landwirtschaftlichen Einrichtungen ausgestattet und damit maßgeblichen Anteil an der günstigen Versorgungslage der Bevölkerung im Ersten Weltkrieg und in der Hungerszeit unmittelbar danach. Schon 1907 bezeichnete ihn der Regierungspräsident nach einer Visitation deshalb als den »besten Bezirksamtmann des Regierungsbezirks«.

1923 wurden seine Verdienste vom Vorgesetzten wie folgt beurteilt: »Oberregierungsrat Karl Risch bringt in anerkennenswerter Weise allen wirtschaftlichen Fragen seines Bezirks reges Interesse und großes Verständnis entgegen und hat sich [!] des vollen Vertrauens der Amtsbevölkerung zu erfreuen. Die von ihm gegründete und geleitete Jungviehweide in Luippenhof, die Fischzuchtanstalt in Unterfahlheim, die Unternehmungen des Bezirks Neu-Ulm sind [sic!], sowie die genossenschaftliche Schweinezuchtanstalt in Weißenhorn und der Bezirksobstgarten daselbst wirken anregend und fördernd auf die einzelnen Betriebe des Bezirks und werfen außerdem auch einen günstigen Ertrag für ihre Unternehmer ab. Er ist praktisch veranlagt, besitzt reiche Kenntnisse und Erfahrungen, namentlich auf wirtschaftlichem Gebiete, und sichere, gewandte Umgangsformen.«

Erst das Selbstverwaltungsgesetz von 1919 machte Schluss mit der Bevormundung der kommunalen Verwaltungen. Zwar wurde der Bezirksamtmann nach wie vor vom Staat bestellt, den Bezirken wurde aber als Körperschaft des öffentlichen Rechts das Recht auf Selbstverwaltung eingeräumt. Den Staatsbehörden blieb nur noch die Rechtsaufsicht. Die Bezirksräte, also die heutigen Kreisräte, wurden durch das Volk gewählt.

Im Rahmen einer Gebietsreform wurden am 1. Januar 1920 die Sprengel der ehemaligen Distriktsgemeinden an die Grenzen der Bezirksämter angepasst. Die Verwaltung der neuen Bezirke wurden dem Bezirkstag (heute: Kreistag) und Bezirksausschuss (heute: Kreisausschuss) übertragen, die ihre Vorsitzenden frei wählen konnten. Den Staatsbehörden blieb auch hier nur noch die Rechtsaufsicht. 1927 erfolgte aber bereits eine Änderung. Der Bezirksamtmann wurde zum gesetzlichen Leiter des Bezirksausschusses bestimmt.

Mit der Gleichschaltung der Länder führten die Nationalsozialisten 1939 für die Ämter der unteren Verwaltungsebene in Bayern wie im gesamten »Deutschen Reich« die aus der preußischen Verwaltungstradition stammenden Bezeichnungen »Landrat« für den Bezirksamtmann und »Landkreis« für den Bezirk ein. Diese Bezeichnungen haben bis heute Gültigkeit. Mit der »Machtergreifung« durch die Nationalsozialisten wurde die kommunale Selbstverwaltung allerdings stark eingeschränkt. Dieses dunkle Kapitel in der Geschichte des Landkreises Neu-Ulm ist leider weitgehend unerforscht, wohl bedingt auch durch die schwierige Archivlage. So manche Akte war nach der Naziherrschaft nicht mehr auffindbar.

Landrat wurde im Dritten Reich nur derjenige, der Parteimitglied in der NSDAP war. Auseinandersetzungen mit den Nazis blieben dennoch nicht aus. So pochte der Nachfolger von Dr. Karl Risch, Friedrich Schreck, auf seine Kompetenzen als Bezirksamtmann und protestierte gegen Einmischungsversuche seitens des Nazi-Kreisleiters von Roedel. Daraufhin bezeichnete ihn von Roedel in einem Lagebericht an die Gauleitung in Schwaben als »alten eingefleischten Bürokraten und Paragraphenreiter, der längst abgebaut gehört«. Im Frühjahr 1939 reichte Schreck ein Gesuch um Versetzung in den Ruhestand ein.

Auch Dr. Anton Heiser, der im Januar 1942 sein Amt antrat, machte sich bei den Nazis bald unbeliebt, weil er einen Bürgermeister vor Gericht brachte, der mit dem Kreisleiter Wahl befreundet war. Der Gauleiter gab daraufhin öffentlich kund, »dass Dr. Heiser die längste Zeit Landrat in Neu-Ulm gewesen sei«. Tatsächlich wurde er im März 1943 zur Wehrmacht eingezogen.

Mit dem Einmarsch der Amerikaner im Frühjahr 1945 begann der demokratische Neubeginn in Bayern. Die am 19. Mai 1945 etablierte amerikanische Militärregierung für den Bereich Neu-Ulm nahm ihren Sitz zunächst in Weißenhorn. Dorthin war der Amtssitz des Landkreises Neu-Ulm bereits unter dem nationalsozialistischen Regime verlegt worden, nachdem das Neu-Ulmer Landratsamt in der Augsburger Straße 30 bei einem Bombenangriff am 1. Mai 1945 zerstört worden war. Von Weißenhorn aus regelten die Amerikaner das gesamte öffentliche Leben. Die ersten Landräte in Neu-Ulm und Illertissen wurden von der amerikanischen Militärregierung eingesetzt.

Die vorläufige Landkreisordnung von 1946 führte die Selbstverwaltung der Kreise durch die vom Volk gewählten Kreistage wieder ein. Diese wählten den Landrat, der auch Vorstand der unteren staatlichen Verwaltungsbehörde war. Von nun an war der Landrat als Behördenleiter nicht mehr ein vom Staat ernannter Beamter, sondern ein gewählter Kommunalbeamter.

Da nach den Vorstellungen der Amerikaner die Demokratie von unten aufgebaut werden sollte, wurden 1946 zunächst Wahlen auf der Ebene der kleineren Gemeinden, dann auf der mittleren Ebene der Stadt- und Landkreise und schließlich auf Landesebene durchgeführt. Am 28. April 1946 fand die erste Kreistagswahl nach dem Krieg statt. Der Landrat wurde durch den Kreistag gewählt und war Vorsitzender des staatlichen Landratsamtes wie des Kreistages und des Kreisausschusses. Im Altlandkreis Neu-Ulm wurde Dr. Ferdinand Siebert, zuvor einige Monate Bürgermeister der Stadt Neu-Ulm, vom Kreistag zum ersten Landrat nach dem Krieg gewählt (bis Juni 1948), in Illertissen war der vereidigte Messweinhändler Albert Vollmann erster gewählter Landrat (bis Dezember 1946).

Seit der neuen Landkreisordnung vom 16. Februar 1952 wird der Landrat in Bayern durch das Volk und nicht mehr durch den Kreistag gewählt. Im Altlandkreis Neu-Ulm waren Georg Köhl, Bruder des legendären Ozeanfliegers Hermann Köhl, von 1948 bis 1964 sowie Dr. Max Rauth, bislang Chefarzt der Chirurgie am Weißenhorner Krankenhaus, von 1964 an als Landräte tätig. Dr. Rauth wurde mit der Gebietsreform am 1. Juli 1972 zugleich erster Landrat des neuen Landkreises Neu-Ulm. Nach seinem plötzlichen Tod im November 1973 wurde Anfang 1974 Franz Josef Schick sein Nachfolger, der bis 1996 das Amt des Neu-Ulmer Landrats innehatte.

Im Altlandkreis Illertissen fungierten Dr. Erich Göggl (1947–1948), Dr. Otto Bohl (1948–1958), Dr. Ulrich Wagner (1958–1969) sowie Josef Burkhart (1969–1972) als Landräte. Landrat Josef Burkhart verlor sein Amt als Landrat durch die Kreisgebietsreform.

Am 28. Mai 1962 wurde das neuerbaute Landratsamtsgebäude am Donauufer in Neu-Ulm bezogen. Mitte 1969 hatten der Altlandkreis Neu-Ulm 54 Gemeinden und der Altlandkreis Illertissen 44 Gemeinden. Der heutige Landkreis wurde im Rahmen der bayerischen Gebietsreform 1972 aus dem Altlandkreis Neu-Ulm, einem Großteil des früheren Landkreises Illertissen (unter Abtrennung des Raumes Babenhausen) sowie der ehemals kreisfreien Stadt Neu-Ulm mit Sitz in Neu-Ulm gebildet. Nach dem Willen des Kreistags hätte der neugebildete Landkreis eigentlich Illerkreis heißen sollen, was vom damaligen Innenminister Dr. Bruno Merk, dem Vater der Gebietsreform, aber nicht genehmigt wurde. Der Illerkreis wurde deshalb 1973 in Landkreis Neu-Ulm umbenannt.

Die Ausrichtung des neuen Kreises auf Neu-Ulm wurde damit begründet, dass Neu-Ulm gemeinsam mit der Stadt Ulm die Funktion eines Oberzentrums für den Donau-Iller-Raum erfülle. Dies löste vor allem in Illertissen, das nach 110 Jahren seine Rolle als Kreissitz verlor und den Abzug einiger Ämter verkraften musste, heftige Proteste aus. Große Widerstände gab es auch in der Stadt Neu-Ulm, die 25 Jahre kreisfrei gewesen war und nun ihre Selbständigkeit aufgeben musste.

Dem neuen Landkreis gehörten anfangs 54 Gemeinden mit 131 307 Einwohnern an. Seit dem Abschluss der Gebietsreform im Jahre 1978 umfasst der Landkreis Neu-Ulm fünf Städte, vier Märkte und acht Gemeinden mit heute rund 160 000 Einwohnern auf einer Fläche von 515 Quadratkilometern. 1982 erfolgte der Umzug des Landratsamtes in das neue Amtsgebäude in der Kantstraße, das allerdings wegen der Eingliederung des Staatlichen Gesundheitsamtes und des Staatlichen Veterinäramtes sowie der Umgliederung der staatlichen Ernährungsberatung vom Landwirtschaftsamt Weißenhorn in das Landratsamt schon bald wieder zu klein war. Deshalb wurde das benachbarte Gebäude des Jugendsozialwerks St. Michael angemietet, in dem heute die Geschäftsbereiche »Öffentlicher Gesundheitsdienst«, »Veterinärdienst und Verbraucherschutz« sowie »Ernährungsberatung« untergebracht sind.

War der Bezirksamtmann früher ein von der Behörde eingesetzter, eher unpolitisch agierender Beamter, der als Repräsentant des Staates hoheitsrechtliche Aufgaben wahrzunehmen hatte, so nimmt der vom Volk gewählte Landrat in Bayern heute umfassende kommunalpolitische und staatliche Aufgaben wahr. In seiner Person vereinigt er mehrere Funktionen: Er ist Vorsitzender des Kreistages und seiner Ausschüsse; Chef der Landkreisverwaltung und Organ des Landkreises sowie Leiter der staatlichen Behörde Landratsamt und als solcher Mittler zwischen Staatsverwaltung und kommunaler Selbstverwaltung.

Diese Konstellation und die Tatsache, dass der Landrat in Bayern vom Volk gewählt wird, machen den besonderen Reiz dieser Aufgabe aus. Der Landrat heutiger Prägung ist nicht mehr der Behördenchef früherer Jahre, sondern als Manager und Politiker vergleichbar mit einem Unternehmer. Und so wie sich das Amt des Bezirksamtmanns und Landrats geändert hat, so war auch die Behörde »Landratsamt« einem ständigen Wandel unterworfen. Das Landratsamt von heute versteht sich in erster Linie als Dienstleistungsunternehmen für die Bürgerinnen und Bürger des Landkreises, und es legt deshalb großen Wert auf einen Service, bei dem der Bürger Kunde und damit Partner der Verwaltung ist.

Petra Walheim

Natur und Landschaft im Überblick

Der Landkreis Neu-Ulm, in der Mitte des bayerischen Regierungsbezirks Schwaben und dort ganz am westlichen Rand gelegen, kann getrost als Land der Gewässer bezeichnet werden. Er wird von Flüssen begrenzt und von Bachläufen durchflossen. Dazwischen breiten sich meist land- und forstwirtschaftlich genutzte Täler, Ebenen, Hügel und Wälder aus. Die Landschaft ist unspektakulär, hat aber ihre Reize, teilweise auch noch ihre natürliche Schönheit. Eine Besonderheit im Kreis sind einige noch ursprünglich erhaltene Auwälder entlang der Iller. Dort sind auch auffällig viele Seen zu finden. Diese gibt es aber auch entlang der Donau, sie sind meist durch Kiesabbau entstanden. Das Kreisgebiet ist gesegnet mit Wasser. Das ist kein Wunder, hatte die erdgeschichtliche Entwicklung das Gebiet doch als Moore zurückgelassen.

Im Tertiär, vor 65 Millionen Jahren, falteten sich die großen Gebirge der Erde auf. Die Erdoberfläche kräuselte sich, und so entstanden auch die Alpen. Im Gegenzug senkte sich das Alpenvorland ab, bildete einen Trog, der vom so genannten Molassemeer eingenommen wurde. Das Gebiet des heutigen Kreises Neu-Ulm lag unter dem Meeresspiegel. In diesem Meeresbecken sammelten sich die Schuttmassen, die aus den Alpen abgetragen und von den Flüssen herantransportiert wurden. Das Gebiet war einmal von Süßwasser, einmal von Meereswasser bedeckt, und es dauerte Millionen von Jahren, bis der Trog mit dem Schutt aus den Alpen aufgefüllt war. So gestaltete sich im Lauf der Zeit eine flachwellige, von einzelnen Flüssen durchzogene Landschaft. So ist sie heute zwischen dem Alpenrand im Süden und der Schwäbischen Alb im Norden zu sehen. An diesen Nordrand grenzt der Kreis Neu-Ulm. Elchingen, die nördlichste Gemeinde des Kreises, liegt direkt am Albtrauf.

Natur und Landschaft des Kreises sind im Überblick am besten von weit oben zu sehen. So setzen wir uns gedanklich in einen Hubschrauber und starten unseren Rundflug von Kellmünz aus, der südlichsten Gemeinde im Kreis Neu-Ulm. Wir fliegen in nördlicher Richtung und gewinnen schnell an Höhe, so dass wir bald fast den ganzen Kreis überblicken können. Im Osten wird er von ausgedehnten Wäldern eingerahmt, so zum Beispiel vom großen Stoffenrieder Forst. Diese Wälder bilden gleichzeitig die Grenze zum Nachbarkreis Günzburg. Im Westen ist die Iller die natürliche Kreis- und auch Landesgrenze zum württembergischen Alb-Donau-Kreis. Im Norden ist es die Donau, die dort zwischen Ulm und Neu-Ulm gleichzeitig die Landesgrenze zu Baden-Württemberg darstellt. Die kleine, aus drei Orten bestehende Gemeinde Elchingen liegt jenseits der Donau und ist trotzdem noch bayerisches Gebiet. Hier ist auch der Albtrauf noch bayerisch, während weiter östlich die Landesgrenze quer durch das Donauried verläuft.

Der Landkreis Neu-Ulm dehnt sich über 515 Quadratkilometer aus und hat knapp 160000 Einwohner. Rund 50000 von ihnen leben in der Kreisstadt Neu-Ulm, im Norden des Kreises. Etwas kleiner sind die Städte Senden, Illertissen und Vöhringen, die an der Iller liegen. Die Stadt Weißenhorn und der Markt Pfaffenhofen sind im Rothtal zu finden, durch das sich ursprünglich die Iller ihren Weg gebahnt hatte. Wenige Kilometer weiter östlich erstreckt sich das Bibertal und ganz im Osten des Kreises fließt der kleine Osterbach.

Die Gewässer bewegen sich fast parallel zueinander von Süden kommend in nördlicher Richtung auf die Donau zu, in die sie allesamt münden. Die drei Fluss- und Bachläufe, vor allem aber die Iller prägen die Landschaft des Kreises. An ihr und teilweise auch entlang der Donau ist noch fast ursprünglicher und deshalb geschützter Auwald zu finden. Früher war dies das natürliche Überschwemmungsgebiet der Flüsse. Während Iller und Roth ihr Bett in einer meist weitläufigen, manchmal etwas hügeligen Ebene haben, fließen Biber und Osterbach in kleinen, schmalen Tälern, die oft von bewaldeten Hügeln eingerahmt werden. Die größeren Städte sind entlang der breiten Iller zu finden. Nach Osten hin nimmt die Besiedelung ab, die Dörfer im Biber- und Osterbachtal sind ländlich strukturiert.

Im Landkreis Neu-Ulm gibt es vier Naturschutzgebiete mit einer Gesamtfläche von rund 343 Hektar. Das größte mit zusammen 186 Hektar bilden das Gebiet »Wochenau« und der Illerzeller Auwald. Die »Wasenlöcher« bei Illerberg sind 69 Hektar groß, die Obere und Untere Au westlich von Senden 63 Hektar. Diese Gebiete sind Teile des Iller-Auwaldes. Das Naturschutzgebiet »Biberhacken« bei Unterfahlheim ist gut 30 Hektar groß und Teil der Donau-Auen. Außerdem wurden vom Landkreis insgesamt sieben Landschaftsschutzgebiete mit einer Gesamtfläche von rund 5039 Hektar ausgewiesen. Weiter stehen zwölf flächenhafte Naturdenkmale beziehungsweise 20 geschützte Landschaftsbestandteile mit einer Fläche von 199 Hektar unter Schutz.

Die Donau-Auen von Thalfingen bis Nersingen, Teile des Illerauwaldes von Neu-Ulm bis Illertissen und die »Wasenlöcher« bei Illerberg sind im Jahr 2000 von der bayerischen Staatsregierung nach Brüssel gemeldet worden, damit sie als Fauna-Flora-Habitat-Gebiete (FFH) unter europäischen Schutz gestellt werden. Die Europäische Union hat mit dem Erlass der Vogelschutzrichtlinie 1979 und der Fauna-Flora-Habitat-Richtlinie von 1992 ein verbindliches europäisches Naturschutzrecht für die Mitgliedsstaaten erlassen. Ziel ist der langfristige Schutz seltener und vom Aussterben bedrohter Tier- und Pflanzenarten sowie deren Lebensräume. Der geplante Biotop-Verbund »Natura 2000« wird aus FFH- und Vogelschutzgebieten entstehen.

Renaturierter Osterbach

Wir lenken den Hubschrauber gedanklich von Kellmünz aus nach Osten, überfliegen Osterberg, Ober- und Unterroth und gehen nach dem Oberrother Wald tiefer. Unter uns taucht die kleine, zu Buch gehörende Gemeinde Christertshofen auf, gleich dahinter liegt der Weiler Friesenhofen. Dort, am Eichberg im Oberroggenburger Wald, tun sich der Vordere und der Hintere Hüttenbach zusammen und bilden mit ihren Wassern den Osterbach. Das Tal, in dem der Bach mit dem eigentümlichen Namen fließt, ist klein, schmal und hügelig. Der Name Osterbach rührt daher, dass er ursprünglich ein östlicher Arm der Biber war (Oster = Osten). Viele Fischteiche sind entlang des Baches angelegt. Die Flächen dort und auf den sanften Hügeln sind zum Teil bewaldet. Die freien Gebiete nutzen die Landwirte.

Aber es gibt Ausnahmen, das heißt Flächen, auf denen die Natur zu ihrem Recht kommt. Wer sich die Mühe macht und nach Unteregg fährt, bekommt im Gebiet zwischen diesem kleinen Dörfchen und dem nach Weißenhorn eingemeindeten Wallenhausen einen Eindruck davon, wie das Osterbachtal früher mal ausgesehen haben könnte. Als erstes fällt auf, dass nach dem Ortsschild von Unteregg die asphaltierte Gemeindeverbindungsstraße nach Wallenhausen plötzlich in eine Schotterpiste übergeht. Sie führt in ein dichtes Waldgebiet. Sobald der Besucher dieses durchfahren hat, bietet sich ihm rechter Hand das Bild ursprünglicher Natur: feuchte Wiesen, auf denen Schilf und Weiden wachsen. Wer an einem lauen Sommer- oder kühlen Herbstabend dort vorbeikommt, kann dichten Nebel über den feuchten Flächen liegen sehen. Das Gebiet verströmt dann die geheimnisvolle und etwas unheimliche Atmosphäre eines Niedermoores.

Im Mai 2000 hat die Untere Naturschutzbehörde des Neu-Ulmer Landratsamts das 31 Hektar große Gelände als geschützten Landschaftsbestandteil ausgewiesen, nachdem Teile des Osterbachs bereits 1985 als Biotope erfasst worden sind. Seitdem hat der Landkreis immer wieder Flächen entlang des Osterbachs gekauft oder gepachtet, um sie aus der intensiven landwirtschaftlichen Nutzung nehmen zu können.

An den Flächen unmittelbar am Osterbach steht das Grundwasser hoch. Deshalb gibt es dort ökologisch wertvolle, inzwischen aber selten gewordene Feuchtwiesen, in denen sich ebenso rare Tiere und Pflanzen angesiedelt haben. Im Wald östlich des Bachlaufs treten Quellen aus, deren Wasser das Gebiet zusätzlich vernässen. Im südlichen Bereich der geschützten Fläche steht ein Feuchtwald mit seltenem Erlenbestand, und es gibt dort weitere Quellen. Schilfgürtel, Feuchtwiesen und Teiche sind in diesem Gebiet entlang des Osterbachs zu finden. Das bietet auch vom Aussterben bedrohten Tier- und Pflanzenarten, die auf feuchte Flächen angewiesen sind, ideale Lebensbedingungen. So hat sich dort ein großer Libellenreichtum entwickelt. Amphibien wie der Grasfrosch, der Bergmolch und auch der vom Aussterben bedrohte Laubfrosch finden dort einen Lebensraum, ebenso verschiedene Heuschrecken-Arten. In den Schilfbeständen sind seltene Vögel wie der Rohrsänger zu finden, und auch der Rotmilan wurde gesichtet. Die Trollblume wächst in diesem feuchten Gebiet. Sie steht inzwischen ebenfalls auf der Liste der vom Aussterben bedrohten Pflanzen und Tiere (Rote Liste). Reisen wir weiter nördlich, so setzt sich das Bild eines natürlichen Bachlaufes fort. Bereits 1997 hat das Wasserwirtschaftsamt Krumbach den Osterbach nördlich von Wallenhausen renaturiert. Im Gebiet zwischen Biberberg und Balmertshofen – Dörfer, die noch im Kreis Neu-Ulm liegen – und im weiteren Verlauf bei Ettlishofen und Großkissendorf im Kreis Günzburg wurden in den Jahren 1991 bis 1994 Flächen, vor allem Randstreifen entlang des Osterbachs aufgekauft. Die waren landwirtschaftlich intensiv genutzt worden, und dies seit Beginn des 20. Jahrhunderts. Bereits 1920 war der Osterbach im jetzt renaturierten Bereich begradigt und ausgebaut worden. Weitere Veränderungen hatte in den Jahren 1965 bis 1969 der »Wasserverband Osterbach, Biberberg« vorgenommen. Um die Grundstücke für ihre Zwecke nutzen zu können, hatten die Landwirte damals die feuchten Wiesen entlang des Osterbachs mit Drainagen entwässert und sie teilweise sogar zu Äckern gemacht. Oft reichte die landwirtschaftliche Nutzung bis dicht an den Böschungsrand des Osterbachs. Eine uferbegleitende Aue fehlte gänzlich.

Diese Grundstücke wurden nun nach ökologischen Gesichtspunkten umgestaltet und so der Natur zurückgegeben. Sie dienen heute als Puffer gegen die nach wie vor landwirtschaftlich – aber intensiv – genutzten Flächen.

Ursprüngliches Bibertal

Bäche scheren sich nicht um Kreisgrenzen, und so verlässt der Osterbach den Kreis Neu-Ulm hinter Balmertshofen, um sich seinen weiteren Weg im Kreis Günzburg zu suchen. Doch er kehrt zurück, wenn auch nicht als Osterbach. Hinter Silheim bei Kissendorf mündet der Osterbach in die stark mäandrierende Biber, und die streift den Kreis Neu-Ulm noch einmal kurz im Norden bei Unterfahlheim. In unzähligen Windungen und Schlingen fließt die Biber im Naturschutzgebiet »Biberhacken« in Richtung Nordosten und beim Leipheimer Kraftwerk in die Donau. Der »Biberhacken« war vor und im Zweiten Weltkrieg Weihergebiet für die Fischzucht. Der Landkreis Neu-Ulm hat das Gebiet erworben und 1994 unter Naturschutz gestellt. Heute ist das Areal mit den vielen, nicht mehr für die Fischzucht genutzten Gewässern ein naturnaher Donau-Auenbereich. Darin finden viele vom Aussterben bedrohte Vögel eine Überlebenschance. Der Kampfläufer zum Beispiel, eine Schnepfenart, die in Bayern als ausgestorben gilt, ist während seiner Rast auf dem Flug ins Winterquartier dort zu sehen. Oder besser, er wäre zu sehen, wenn Besucher nach ihm Ausschau halten dürften. Doch der Kernbereich des Naturschutzgebietes darf aufgrund seiner hohen ornithologischen Bedeutung nicht betreten werden.

Rund ein Drittel des etwa 30 Hektar großen Gebietes zwischen der B 10 bei Unterfahlheim und der Bahnlinie Ulm–Augsburg ist Wasserfläche. Dort gibt es ausgedehnte Röhrichtzonen. Die sind der Hauptgrund, weshalb sich im Biberhacken so viele seltene Vogel- und Libellenarten tummeln. Die Vogelwelt im Naturschutzgebiet ist von landesweiter Bedeutung. 101 Arten sind nachgewiesen worden, 36 davon stehen auf der »Roten Liste« der gefährdeten Arten. Auch für Libellen ist der Biberhacken ein Paradies. 34 von den 70 in Deutschland heimischen Arten leben dort, darunter die Kleine Königslibelle und der vom Aussterben bedrohte Östliche Blaupfeil, die Frühe Adonislibelle und die Hufeisen-Azurjungfer.

Wir verlassen den Biberhacken in unserem Gedanken-Hubschrauber und folgen dem Lauf der Biber gegen die Fließrichtung, also in Richtung Süden. Wir müssen kurz den Kreis Günzburg überfliegen, denn auch die Biber – wie der Osterbach – geht auf ihrem Weg aus dem Süden hin zur Donau kurzfristig fremd, fließt bei Bühl und Silheim stark mäandrierend durch den Nachbarkreis. Sie überquert die Kreisgrenze südlich von Raunertshofen, das heute zu Pfaffenhofen gehört. Auch das Bibertal ist klein und schmal, an den Rändern von sanften, manchmal bewaldeten Hügeln umgeben. Es gilt als das ursprünglichste Tal im Kreis Neu-Ulm. Oft nur einen Kilometer vom Nachbargewässer entfernt, hat sich die Biber westlich des Osterbachs ihr Bett gegraben. Das Tier mit den starken Zähnen und dem unstillbaren Drang, Dämme zu bauen, hat dem Bach den Namen gegeben. Früher hat das Nagetier dort in großer Zahl gelebt, wurde aber Ende des 19. Jahrhunderts ausgerottet. Im Winter 2000/2001 ist der Biber bei Niederhausen erstmals wieder gesichtet worden.

Osterbach- und Bibertal ähneln sich in mancher Hinsicht. Streckenweise wähnt sich der Besucher um Jahrzehnte zurück und in ein Stück heile Welt versetzt: So ist die Strecke von Raunertshofen nach Beuren nur ein holpriger Schotterweg, was im Zeitalter von sechs- und mehrspurigen Autobahnen schon abenteuerlich anmutet. Lassen wir den Blick zur Biber schweifen, so sehen wir, dass sich der Bach durch eine ursprüngliche Landschaft schlängelt. Südlich und nördlich von Raunertshofen, in Reststücken auch nördlich von Beuren sind so genannte Nasswiesen mit Sumpfbinsen und Wiesen-Knöterich zu finden. Diese Nasswiesen dienen selteneren Heuschrecken-Arten wie der Sumpfschrecke noch als Lebensraum. Dieser Bereich ist geschützter Landschaftsbestandteil und darf, wie auch der bereits beschriebene Abschnitt im Osterbachtal, nicht verändert werden. Besucher müssen sowohl das Fahrrad als auch das Mountainbike stehen lassen, wenn sie sich in dem Gebiet bewegen wollen, sie dürfen nur auf den vorhandenen Wegen und nur zu Fuß unterwegs sein. Niemand darf dort im Freien lagern, es darf nicht gebaut, die landwirtschaftliche Nutzung nicht verändert werden. So können Landwirte dort eine Wiese zum Beispiel nicht einfach zu einem Acker machen. Obwohl das Gebiet sehr wohl landwirtschaftlich genutzt wird, fällt sofort auf, dass es hier einen ursprünglicheren, wilderen Charakter hat als noch einige Kilometer zuvor.

Von Beuren aus erreichen wir auf dem zur Straße ausgebauten Höhenweg das Dorf Niederhausen. Südöstlich des Ortes, am so genannten Ölberg, findet sich terrassenartig angeordneter Halbtrockenrasen mit seltenen Pflanzenarten wie der Wiesenflockenblume und dem Tüpfel-Johanniskraut. Reichhaltiger Flora folgt meist eine eben solche Fauna. So hat sich dort eine vielfältige Insektenwelt angesiedelt. Feldgrillen und verschiedene Wildbienenarten haben dort Heimat gefunden. Auch zwischen Oberhausen und Biberachzell sind noch sehr ursprüngliche Strukturen zu finden, die für die Biotopvernetzung im Bibertal von großer Bedeutung sind. So gibt es zum Beispiel im Südwesten von Oberhausen einen besonders schönen und ursprünglichen, dreistufigen Feldrain. Auch diese Böschungen zwischen landwirtschaftlich genutzten Flächen sind, wenn man so will, vom Aussterben bedroht. Früher gab es gerade im hügeligen Bibertal Feldraine zuhauf. Sie bildeten Grenzen zwischen Äckern und Wiesen, waren Übergangsfläche von Hügeln zu Ebenen. Da die meisten Landwirte aber möglichst viele Flächen landwirtschaftlich intensiv nutzen möchten, wurden Böschungen abgetragen, Senken aufgefüllt. Die Feldraine verschwanden, große und mit Maschinen gut zu bewirtschaftende Ackerflächen und Wiesen entstanden. Dadurch verlor die Landschaft nicht nur an Struktur, sondern auch Lebensräume für Pflanzen und Tiere. So ist dieser besonders prächtige Feldrain bei Oberhausen wie eine Insel für Flora und Fauna. Er erstreckt sich über drei Terrassen, zieht sich als Ausläufer eines kleinen Waldstücks mitten in landwirtschaftlich genutzte Flächen hinein. Der Bund Naturschutz in Bayern (BN) hat einen Teil des Feldrains von einem Landwirt gepachtet und pflegt ihn. Das heißt, die Fläche wird einmal im Jahr behutsam gemäht. Das verhindert, dass zum Beispiel Salbei, Wiesenstorchschnabel und Wiesenflockenblume, die dort wachsen, nicht unter Brennesseln und Brombeeren ersticken. Sie und verschiedene Ehrenpreisarten nutzen Wildbienen und viele Falterarten wie Zitronenfalter, Tagpfauenauge, Kleiner Fuchs, Schwalbenschwanz und Aurorafalter als Nahrungsquelle. Dominiert wird der Feldrain von einer etwa 80 Jahre alten knorrigen Stieleiche. Die hat auch schon einigen Nachwuchs produziert. Rund um den mächtigen Baum wachsen kleine Eichen nach. Schlehen, Brombeeren und Heckenkirschen wuchern an den Steilstücken des Feldrains. Das dornige Gestrüpp ist besonders wichtig für den kleinen, vom Aussterben bedrohten Neuntöter. Dieser kleine Vogel spießt seine Beute, meist Insekten, als Vorrat auf Dornen auf. Doch auch die meisenartige Mönchsgrasmücke und Kleinsäuger profitieren von dem dichten Gestrüpp. Igel finden darin ein sicheres Quartier zum Überwintern.

17 Die wilde und ungezügelt wachsende Natur zwischen Oberhausen und Biberachzell

zeigt sich auch in ursprünglichen Laubmischwäldern mit wild verwachsenen Hohlwegen. Darin ist fast das gesamte Spektrum an heimischen Strauch- und Baumgehölzen zu finden. Zu erwähnen sind auch das Hangquellmoor im »Oberen Mähd« bei Biberachzell. Dort sind Quellmoose und Armleuchteralgen zu finden. Die bieten Strudelwürmern und Steinfliegenlarven Lebensraum. Die Biberaue ist in diesem Bereich am naturnahesten und damit ökologisch am wertvollsten im gesamten Bibertal. Die Natur ist sich selbst überlassen, so wachsen am unbeeinflussten Lauf der Biber Großseggen, Schilf und Röhricht. Auf den extensiv bewirtschafteten Streuwiesen finden sich Fieberklee und Kuckuckslichtnelken. Immer wieder ist ein Erlenbruchwald zu sehen. Diese Wälder aus Schwarz-Erlen, die nur auf feuchten Böden wachsen können, sind eine Besonderheit des Bibertales und inzwischen sehr selten.

Das Wasser der Biber ist nicht nur der Natur von Nutzen, sondern auch dem Menschen. Sie speist in ihrem Verlauf zahlreiche Seen, Teiche und Tümpel, in denen Fische gezüchtet werden. Gleichzeitig bieten diese Gewässer aber auch zahlreichen Amphibien einen Lebensraum. In den Fischteichen von Matzenhofen, im Halbertshofer, Nordholzer und Roggenburger Weiher können Erdkröten, Grasfrosch, Bergmolch, Teichmolch und Grünfrösche für Nachwuchs sorgen. Und wo Wasser ist, sind auch Insekten. So sind die Weiher und Teiche für Libellen wie Große Königslibelle, Braune Mosaikjungfer und Blaugrüne Mosaikjungfer von großer Bedeutung.

Die Biber sorgt auch für Freizeitvergnügen. Bei Roggenburg, am Fuße des Hügels, auf dem die Roggenburger Klosterkirche steht, füllt sie mit ihrem Wasser den Roggenburger Weiher. Darauf können sich die Besucher im Sommer in Booten vergnügen und sich, wieder an Land, in der Gaststätte am See stärken. Der größte Weiher im Landkreis liegt inmitten zweier geschützter Landschaftsbestandteile: im Norden ist es das Gebiet »Bei der Klostermühle Roggenburg«, im Süden der »Erlenbruchwald mit Stiftsweiher«. Der Weiher selbst steht nicht unter Naturschutz. Und obwohl im Sommer die Menschen darauf herumpaddeln, ist der Roggenburger Weiher doch ein kaum berührter Ort, an dem die seltensten Vogelarten zu Hause sind, allen voran der Rotmilan, der Vogel des Jahres 2000. Er steht in Bayern auf der Roten Liste. Da der Roggenburger Weiher von einem großen Schilfgürtel umsäumt ist, finden dort noch andere, vom Aussterben bedrohte Arten eine Heimat. Es gibt die Zwergrohrdommel, kleine Teichrohrsänger und die Wasserralle. Im Frühjahr sind am Weiher die Erdkröten zugange. Auch die Gras- und Wasserfrösche sorgen in dem Gewässer für Nachwuchs. Im Winter wird der Roggenburger Weiher, der Johannes Graf von Mirbach-Geldern-Egmont, Prinz zu Hohenlohe-Jagstberg gehört, abgelassen. Die Fische landen im Auffangbecken und meist auch bald in der Pfanne. Dem Weiher wird deshalb das Wasser abgegraben, damit der Boden gefriert. Dadurch werden Nährstoffe freigesetzt, die dem See zugute kommen. So wird einem Umkippen des Sees durch zunehmenden Sauerstoffverlust entgegenwirkt. Das geschieht im übrigen nicht nur mit dem Roggenburger Weiher, sondern mit den vielen anderen Fischteichen rund um Roggenburg und in der Umgebung. Apropos: Bei einer Wanderung auf dem Weiherweg rund um Roggenburg gibt es einiges, auch kulturell Interessantes zu sehen. Start ist bei der Klosterkirche, dann führt der Weg hinunter zum Roggenburger Weiher und über Wiesen, Felder und durch Wälder zur Wallfahrtskapelle »Maria Hilf«. Dieses kleine Kirchlein steht auf dem so genannten Wannenberg beim Roggenburger Ortsteil Meßhofen, weshalb das Gotteshaus im Volksmund auch als Wannenkapelle bezeichnet wird.

Folgen wir weiter der Biber bachaufwärts, kommen wir ihrem Ursprung immer näher, entfernen uns dafür immer weiter von der Zivilisation. Südlich von Meßhofen liegen die Orte Nordholz und Ritzisried, und der Besucher bekommt den Eindruck, eine Reise in die Vergangenheit zu unternehmen. In den kleinen Dörfern scheint die Zeit stehen geblieben zu sein. Kinder spielen vor den Häusern, auch Katzen und Hühner beleben die Straßen, für manchen Städter ein ungewohntes Bild. Auch wenn man es kaum glauben mag, hinter Ritzisried geht es noch weiter. Dort liegt der Weiler Matzenhofen und der Ursprung der Biber. Von dort aus plätschert sie ganz unscheinbar in einem kleinen Rinnsal gen Norden. Sehenswerter als die junge Biber ist die kleine, aber feine Wallfahrtskirche, die dort samt Gaststätte auf einem kleinen Hügel steht. Im Sommer sind sie für Besucher aus dem ganzen Kreis und der Umgebung ein beliebtes Ausflugsziel.

Störche und Biber im Rothtal

Wir sitzen wieder im Hubschrauber und verlassen das Bibertal in Richtung Westen, überfliegen einen Teil des Oberrother Waldes und gelangen schnell ins Rothtal. Die Roth fließt, im Gegensatz zur Biber und zum Osterbach, in einer weiten Ebene, die gerade im Süden des Kreises fast unmittelbar ins Illertal übergeht. Kein Wunder, denn die Iller hatte in ihrer Ursprungszeit das Tal in seiner gesamten Breite vereinnahmt, bis hin zur westlichen Begrenzung des Bibertals. Im Lauf der Jahre verlagerte sie ihren Lauf immer mehr in Richtung Westen, zurück blieb ein riesiges Niedermoorgebiet, in dem später die Roth ihr Bett fand.
Der kleine Fluss entspringt südlich des Kreises und überquert die Kreisgrenze südlich von Osterberg. Den Orten Ober- und Unterroth hat sie ihren Namen gegeben. Südlich von Buch bekommt sie eine kleine Schwester, die Kleine Roth. Sie dient der Hochwasserentlastung der Roth. Die fließt mitten durch einen der letzten Reste des ursprünglichen Moorgebiets, durch das Obenhauser Ried, während die Roth selbst sich mehr an dessen östlichem Rand hält. Vom Hubschrauber aus ist das weitläufige Riedgebiet zwischen der Staatsstraße 2020, die den Kreis fast schnurgerade von Süden nach Norden durchquert, und der fast parallel verlaufenden Autobahn A 7 gut zu sehen.
Das Obenhauser Ried bei Illertissen, im Kernbereich ein etwa 150 Hektar großes Kalk-Niedermoorgebiet, steht noch nicht unter Naturschutz, was von verschiedenen Naturschutzverbänden immer wieder kritisiert wird. Das Verfahren scheitert seit Jahren an den Widerständen mehrerer Interessengruppen, wie zum Beispiel dem Bauernverband oder den Jagdberechtigten. Würde das Obenhauser Ried Naturschutzgebiet, dürfte es nur noch auf bestehenden Wegen betreten und landwirtschaftlich nicht intensiver genutzt werden.
Obwohl es nicht unter Schutz steht, gilt das insgesamt etwa 300 Hektar große Areal als das mit Abstand wertvollste Feuchtgebiet im Kreis Neu-Ulm, in dem ein großer Reichtum vom Aussterben bedrohter Tiere und Pflanzen vorhanden ist. Etwa 15 Hektar des Gebietes gehören dem Landesbund für Vogelschutz, rund 50 Hektar dem Landkreis. Damit ist der Kernbereich des Gebietes weitgehend geschützt. Darin brütet seit einiger Zeit der Brachvogel wieder. Außerdem können dort Bekassine, Wiesenpieper, Kiebitz und Neuntöter beobachtet werden, alle sind sie Vogelarten, die vom Aussterben bedroht sind. Viele Schmetterlingsarten flattern durchs Ried, so zum Beispiel Perlmutt-

falter, unter denen der Randringperlmuttfalter ein Eiszeitrelikt darstellt. In dem Gebiet hat sich auch ein immenser Orchideenreichtum entwickelt. Außerdem können dort Knabenkräuter, Mehlprimel, Trollblume, Sumpfblutauge, Fieberklee, Wollgras und Torfmoos ungehindert wachsen. Das ist unter anderem deshalb möglich geworden, weil der Landkreis dort eigene Flächen hat und diese auch selbst pflegt. Außerdem hat das Landratsamt mit Bauern, die Flächen bewirtschaften, Verträge abgeschlossen. Darin ist festgehalten, dass die Wiesen und Äcker nur noch extensiv und ohne Düngung bewirtschaftet werden dürfen. Etwas weiter nördlich schließt sich an das Obenhauser Ried das Gannertshofer Ried an, ein etwa 18 Hektar großes Niedermoorgebiet, das geschützter Landschaftsbestandteil und Teil des Biotopverbunds Rothtal ist. Auch dort sind viele Orchideenarten und die Trollblume zu finden.
Viele Teile des Rothtales sind ökologisch überaus wertvoll, was auch der Weißstorch zu schätzen weiß. Er findet in den Riedgebieten meist genügend Nahrung und brütet deshalb seit Jahren immer wieder in Illertissen, Weißenhorn und Unterroth. Natur- und Vogelschutzverbände haben in der näheren Umgebung der Orte speziell für den Weißstorch Feuchtbiotope angelegt, so dass er für sich und seinen Nachwuchs eine gute Überlebenschance hat. Dennoch bringen die Storchenpaare meist nur wenig Jungstörche durch, was oft auch an schlechten Wetterbedingungen liegt. Immer wieder ist es zu kalt und zu nass für die Storchenjungen.
Von der Donau kommend, hat sich in den vergangenen Jahren im Rothtal auch wieder der Biber angesiedelt. Die deutlichen Biss-Spuren an den Bäumen im Uferbereich sind Beweis für die Aktivitäten des Nagetieres. Der Biber ist ein Urbayer, der sich schon 15 Millionen Jahre vor den Menschen die Flussauen zur Heimat gemacht hat. Als der Mensch auftauchte, entdeckte er den Biber als willkommene Beute: Die Menschen waren auf seinen Pelz und das Drüsensekret Bibergeil aus, das als Allheilmittel galt. Vor allem in den 40 Tagen vor Ostern war der Biber sehr begehrt, glaubten doch die Gläubigen, das Säugetier sei ein Fisch und dürfe deshalb in der Fastenzeit gegessen werden. 1876 wurde in Bayern der letzte dieser Pflanzenfresser erlegt. In den 70er Jahren begann der Bund Naturschutz ein Wiederansiedlungsprojekt. Mit Erfolg. Jetzt gibt es in Bayern wieder zwischen 1500 und 1700 Biber. Im Kreis Neu-Ulm sind es etwa 50 Tiere in rund 20 Revieren. Trotzdem gilt der Biber noch immer als eines der seltensten Säugetiere Bayerns. Und er ist nach wie vor nicht überall gern gesehen. Immer wieder gibt es Konflikte mit der Landwirtschaft. Der Biber lebt zwar in einem Bau aus Holz und Erde, gräbt sich aber auch Fluchtröhren. Wenn die Auen als Lebensraum nicht groß genug sind, dehnt der Biber seine Röhren bis unter die angrenzenden Felder aus. Da kann es passieren, dass ein Traktor auf dem Feld plötzlich in solch eine Röhre einbricht. Seine Vorliebe, kleinere Gewässer zu stauen, kann zu Überflutungen führen. Auch kommt es vor, dass der Biber mit einer seiner Röhren einem Fischweiher das Wasser abgräbt. Davon sind Fischzüchter natürlich wenig begeistert.
Die Roth wird auf ihrem Weg gen Norden meist von uferbegleitenden Gehölzen eingefasst. Immer wieder gleicht sie auch einem schnurgeraden Kanal. Sie fließt vorbei an Weißenhorn, Pfaffenhofen, durch Straß und nördlich von Oberfahlheim im Auwald der Donau in ruhigem behäbigen Strom in den breiten Fluss, in den sich schon weit vorher, westlich von Ulm, das Wasser der Iller ergossen hat. Die Iller ist das prägnanteste Gewässer im Kreis, grenzt die Bayern von den Württembergern ab und sorgt in der Bevölkerung für Freud und Leid.

Früher wilder Hochgebirgsfluss: Die Iller

Die Iller hat ihren Ursprung in den nördlichen Alpen. In Höhen von 1900 bis 2500 Meter entspringen die Quellen der drei Flüsse Breitach, Stillach und Trettach. Etwa zwei Kilometer nördlich von Oberstdorf bilden die drei überaus wasserreichen Flüsse in einer Höhe von 780 Metern die Iller. Das Illertal, wie wir es heute vom Hubschrauber aus sehen, ist bei weitem nicht mehr das, was es mal war: Die Iller hatte einen verwilderten Flusslauf und flutete bei Hochwasser in einer Breite von bis zu 600 Metern durch das Gelände. Zeitweise war das regelmäßig überschwemmte Gebiet sogar ein bis zwei Kilometer breit, bei normalem Wasserstand nahm der Fluss etwa 200 Meter der Fläche für sich in Anspruch. Da die Iller bei Hochwasser gewaltige Stein- und Geröllmassen mit sich führte, veränderte sich der Flusslauf ständig. Es bildeten sich unzählige Seitenarme und Schlingen mit Kies- und Sandbänken, die beim nächsten Hochwasser wieder abgeschwemmt wurden. Ein Netz von Altwasserarmen begleitete den Fluss. Dieses war besonders bei Hochwasser wichtig, da es die Strömungsgeschwindigkeit des Wassers deutlich verringerte und sich so Sand, Kies und Schlick absetzen konnten. Diese Altwasserarme bildeten einen wichtigen Puffer bei Hochwassern, die – typisch für alle Flüsse mit alpinem Charakter – im Juni und Juli auftreten. In dieser Zeit schmilzt in den Alpen der Schnee, und im Voralpengebiet regnet es oft und ergiebig. Die Altwasserarme waren Puffer auch deshalb, weil sie die starken Gegensätze zwischen Hoch- und Niedrigwasser (etwa 70:1) ausglichen. Die ständigen Schlickablagerungen düngten den Auwald, so dass bei entsprechendem Grundwasserstand ein optimales Pflanzenwachstum garantiert war. Die Auen glichen zu der Zeit ausgeprägten Urwäldern.

Der Grundwasserspiegel veränderte sich mit dem Wasserstand der Iller. Führte die Iller Hochwasser, stieg – mit einer zeitlichen Verzögerung – auch das Grundwasser. So war die Vegetation in den Auen starken Schwankungen unterworfen. Folglich konnten dort nur ganz spezielle Pflanzen und Pflanzengesellschaften überleben, die sowohl starke Überflutungen als auch längere Trockenzeiten überstehen konnten.

Ende des 18. Jahrhunderts begannen die Menschen, die Nutzung des Bodens bis in die fruchtbaren Auenbereiche hinein auszudehnen. Doch die zu der Zeit noch ungezähmte Iller vernichtete bei Überschwemmungen menschliche Existenzen, sowohl direkt als auch materiell. Die Menschen versuchten nach ihren Möglichkeiten, sich und ihr Hab und Gut vor der Iller zu schützen, doch meist ohne Erfolg.

Als das erkannt wurde und sich gleichzeitig herumsprach, dass Rhein, Donau und weitere Alpenflüsse korrigiert werden, regte die königlich-bayerische Regierung von Schwaben und Neuburg im Mai 1855 bei der württembergischen Regierung an, gemeinsam den Entwurf einer Illerkorrektion aufzustellen. Das geschah, und die Regierungen kamen überein, die Iller ohne Rücksicht auf die Landesgrenze zu zähmen. Damit sollte auch erreicht werden, dass die Iller ganzjährig mit Flößen befahrbar wurde. Den Bau der Uferbefestigungen und anderer Bauten übernahm auf der rechten Fluss-Seite das Königreich Bayern, auf der linken Seite Württemberg. Es sollte an beiden Ufern gleichzeitig mit den Arbeiten begonnen werden und zwar abwärts der Ferthofer Brücke und abwärts der Kellmünzer Brücke. Wie und was gebaut wurde, blieb jeder Regierung selbst überlassen. Die Korrektion wurde bis auf geringe Unterschiede an beiden Uferseiten jedoch einheitlich ausgeführt.

 So wurde der einst wilde Hochgebirgsfluss zwischen 1859 und 1894 in drei Abschnitten von Ferthofen im Allgäu bis zur Mündung bei Ulm in einen fast kerzengeraden Kanal gezwängt. Und obwohl die Iller die Bauarbeiten durch regelmäßige Hochwasser immer wieder behinderte und Uferbauten zerstörte, wurde das Werk vollendet: 1894 war das Hochwasserbett von 600 Meter auf 53 Meter verengt, die Lauflänge des Bettes durch Begradigung um etwa 16 Prozent verkürzt und das Flussgefälle erhöht.

Die Folgen waren fatal: Die kanalisierte Kraft des Flusswassers unterspülte Brücken und Uferbefestigungen, sorgte im Flussbett für Eintiefungen von mehreren Metern. Dadurch sank der Flusswasserspiegel und mit ihm das Grundwasser. Die Einheit zwischen Fluss- und Auenbiotopen war zerstört.

Zwar war die Illerkorrektion für die Bevölkerung zunächst von Nutzen, da sich die anfangs nur schwache Senkung des Grundwassers positiv auf die Landwirtschaft auswirkte. Doch durch die Eindämmung der Iller und den Bau von Kanälen und Stauseen waren viele Flächen entlang des Flusses von den düngenden Hochwassern abgeschnitten. Ein Artenrückgang in den einst üppigen Grauerlen-Eschen-Wäldern war die Folge. Außerdem mussten die Landwirte auf dem angrenzenden Grünland und in den Wäldern, in denen das Grundwasser immer weiter sank, mit der Zeit hohe Ertragseinbußen hinnehmen.

Heute gilt das Untere Illertal als eines der größten süddeutschen Wassermangelgebiete. Der Auwald in den Illerauen wird immer trockener. Pflanzengesellschaften, die an die Auendynamik angepasst sind, gibt es nur noch an wenigen Stellen. Insgesamt wurde der Auwald zwischen Ferthofen und der Mündung in die Donau bei Ulm auf etwa 45 Prozent der früheren Auenflächen zurückgedrängt. Viele der Gebiete entlang der Iller werden heute landwirtschaftlich genutzt, immer öfter werden Wiesen in Ackerflächen umgewandelt.

Trotz der großen und millionenschweren Anstrengungen, sich die Iller gefügig zu machen, blieben die Menschen von Hochwassern nicht verschont: Mitte Juni 1910 regnete es drei Tage und drei Nächte lang ununterbrochen und wolkenbruchartig. Die Iller schwoll zu einem gewaltigen Fluss an. Die Wassermassen zerstörten Dämme, überfluteten Wiesen, Äcker, Ortschaften und rissen alles mit sich: Brandenburg und Illerrieden im Süden des heutigen Landkreises Neu-Ulm standen teilweise unter Wasser, so auch die Straße Illerrieden–Dietenheim. Trotz des Einsatzes der Feuerwehren brachen die Dämme. Innerhalb von wenigen Stunden stand auch Dietenheim fast vollständig unter Wasser. Am Abend des 15. Juni 1910 brach das erste Joch der Kellmünzer Brücke, bis Mitternacht war sie vollständig zerstört. Die Trümmer stauten sich vor der Dietenheimer Illerbrücke. Gegen elf Uhr nachts brach auch sie zusammen. In Ulm kamen auf der Iller ganze Baumstämme angeschossen. Alle Hochwasser, die danach folgten, reichten nicht an diese Katastrophe heran.

Bis Pfingsten 1999. Da zeigte die Iller erneut, welche Kraft sie noch immer hat: Es regnete zwei Tage lang ungewöhnlich stark. Der Boden war durch vorausgegangene Niederschläge gesättigt, so dass das Wasser fast vollständig abfloss. Der Wasserstand in der Iller stieg. Gewaltige Wassermassen ergossen sich auch in den Kreis Neu-Ulm. Dämme brachen, weite Gebiete wurden überschwemmt. Da das Wohngebiet »Illersäge« in Senden direkt an der Iller liegt, standen dort die Häuser zum Teil einen Meter unter Wasser. Durch Druckwasser liefen Hunderte von Kellern voll. 400 Meter oberhalb der Mündung wurde der Hochwasserdamm am rechten Ufer unterspült und brach. Dort wurde aber lediglich ein Auwald-Gebiet überflutet. Im Ulmer Stadtteil Wiblingen wurden

zwei Wohngebiete überschwemmt. In der Altstadt von Ulm kam es durch Rückstau der Blau zu örtlichen Überschwemmungen. Neu-Ulm wurde von der Donau überflutet.
So katastrophal die Überschwemmungen für die Bevölkerung waren, für den Auwald kamen die Wassermassen gerade recht. Weite Gebiete wurden überflutet, eine dicke Schicht aus Sand und Schlamm blieb zurück. Das Wasser hat neue Strukturen geschaffen, alte Kiesbänke abgetragen, neue Fluss-Arme ins Erdreich gegraben. Freilich wurde auch der Iller-Radwanderweg in Mitleidenschaft gezogen, ganze Teile hat die Iller mit sich gerissen. Doch der Natur kam das Wüten der Wasser zugute, sahen dadurch viele trocken gefallenen Auwaldbereiche nach langer Zeit wieder Wasser.
Der Ruf nach einem besseren Hochwasserschutz wurde durch die Pfingst-Katastrophe lauter. Durch die Erfahrungen mit Hochwassern – trotz der Illerkorrektion – war bereits zu Anfang des 20. Jahrhunderts mit der Illersanierung begonnen worden. Bis 1987 wurden von Ferthofen bis Dietenheim Sohlschwellen eingebaut, die das Gefälle verringern und den Grundwasserspiegel stabilisieren sollten. Folge davon ist aber, dass die Iller bei Niedrigwasser mehr eine Kette von Stautümpeln als ein Fließgewässer ist. Im bisher letzten Sanierungsabschnitt von Dietenheim bis Bellenberg kamen erstmals auch ökologische und landschaftliche Gesichtspunkte zum Tragen. An mehreren Stellen wurde das Flussbett erweitert und das Wasser dauernd oder bei Hochwasser in den Auwald geleitet.
Eine Bestandsaufnahme der Tierwelt und der Auwaldvegetation in den Jahren 1996 und 1997 löste nicht gerade Begeisterung aus: Im Bereich der Vegetation ergab sich, dass kaum mehr Kiesinseln und Sandbänke als Voraussetzung für pflanzliche Pioniergesellschaften vorhanden sind; wegen des Sinkens des Grundwassers sind Schilfröhrichte und Großseggenriede verschwunden; da die Auwälder nur in langjährigen Abständen geflutet werden, haben sich die Waldgesellschaften verändert. Was die Tierwelt angeht, war das Ergebnis der Bestandsaufnahme nicht viel besser: erheblicher Artenrückgang bei den Tagfaltern; Libellen sind in ihrem Vorkommen gefährdet, weil immer mehr Gewässer zu schattig sind oder austrocknen; die Laufkäfer-Vorkommen sind nicht auwaldtypisch; auch bei den Landschnecken ist ein Artenrückgang festzustellen; fast die Hälfte der Gewässer ist von Amphibien nicht besiedelt, weil sie zu schattig sind; der Artenbestand der Vögel ist rückläufig, auwaldtypische Arten fehlen; der Fischbestand geht zurück.
Dieses Ergebnis und die nach wie vor bestehende Hochwassergefahr machen eine weitere Sanierung und Renaturierung der Iller, insbesondere zwischen Bellenberg und Ayer Wehr sowie zwischen Ayer Wehr und der Mündung in die Donau notwendig. Ziel muss sein, der Tiefenerosion entgegenzuwirken, indem entweder die Fließgeschwindigkeit oder das Gefälle reduziert werden. Dadurch würde auch der Grundwasserspiegel stabilisiert. Geplant ist die Verbreiterung der Fluss-Sohle auf 65 Meter. Mehr ist wegen der Uferwege nicht möglich. Außerdem können ins Flussbett grobe Steine eingebracht werden, die das Wasser bremsen. Das zum Beispiel wurde zwischen Dietenheim und Bellenberg bereits verwirklicht. Auch der Einbau weiterer Sohlschwellen hilft, das Gefälle und damit die Fließgeschwindigkeit zu verringern. Zusätzliche Ausleitungen in den Auwald können Hochwasser teilweise abfangen.

Einige wenige Auwald-Reste

Auch wenn sie selten geworden sind, es gibt sie noch, die naturnahen Auwaldreste. Sie sind im Kreis Neu-Ulm heute noch zwischen Illerzell bei Vöhringen und Ulm zu finden. Im Silberwald, nördlich des Sendener Stadtteils Ay, im Auwald westlich von Senden und in der »Wochenau« westlich von Illerzell herrschen noch – wie sonst nirgends mehr in den Illerauen – ideale Standortbedingungen für den Auwald. Die genannten Gebiete werden noch regelmäßig überflutet, außerdem ist der Grundwasserspiegel dort ziemlich hoch.
Auch dass entlang der Iller vereinzelt Biber gesichtet worden sind, ist ein gutes Zeichen. Rund 150 Jahre lang war er ausgerottet, seit 1994 sind an den Freudenegger Baggerseen beim Sendener Ortsteil Ay wieder Biberspuren zu finden. Die Seen mit zusammen fast 30 Hektar Wasserfläche sind ideal für die Säugetiere. Wie der Biber es von der Donau kommend geschafft hat, die Kreisstadt Neu-Ulm zu umgehen, ist nicht bekannt. Es wird aber vermutet, dass der Nager den Landgraben als Wanderweg genutzt hat. Entlang der Iller breitet er sich jetzt in Richtung Süden weiter aus.

Die Iller als Freizeitvergnügen

Doch nicht nur der Biber freut sich an den Seen entlang der Iller. Die Menschen nutzen die Badeseen, die oft als Naherholungsgebiete ausgebaut sind, in ihrer Freizeit, suchen beim Schwimmen in der Natur Entspannung. Das Naherholungsgebiet »Filzinger Seen«, ganz im Süden des Kreises zwischen Kellmünz und Altenstadt, ist ein Beispiel für solch eine Anlage. Wer von dort aus weiter nördlich marschiert, gelangt in den Auwald und in ein unüberschaubares Gewässersystem. Auch der »Vöhringer See« und der Waldsee bei Senden sind ausgewiesene Badeseen. Dazwischen und weiter bis zur Mündung gibt es unzählige Gewässer. Diese sind vom Iller-Radwanderweg aus meist gut zu sehen, immer wieder auch nur zu erahnen. Dieser 150 Kilometer lange Radwanderweg, ausgewiesen vom Regionalverband Donau-Iller, führt von Oberstdorf im Allgäu an der Iller entlang nach Ulm/Neu-Ulm und damit an die Donau. Vom Fahrrad aus die letzten Reste eines typischen Auwaldes zu sehen und zu erleben, ist ein ganz besonderes Erlebnis.

Albrecht Rieber und Horst Gaiser

Von reichen Handelsherren, Ulmer Patriziern und baufreudigen Prälaten

Eine kleine Geschichte des Landkreises Neu-Ulm

Von der Ur-Iller bis zu den Römern

Der Landkreis Neu-Ulm umfasst seit der Gebietsreform des Jahres 1972 und den Korrekturen von 1978 die Ostseite des Illertales ab Kellmünz, das ganze Tal der Roth und der Leibi und den Oberteil von Bibertal und Osterbachtal, das Donautal von der Iller – bis zur Bibermündung sowie unterhalb der Stadt Ulm den Südrand der Alb bis wenig nördlich der Autobahn Stuttgart–München. Von dieser zweigt bei Elchingen die neue Autobahn nach Kempten ab. Sie führt südlich der Donau über die Höhen östlich des Illertals wie einst im frühen Mittelalter ein Höhenweg. Damals war das Tal der Iller noch vielfach vom Hochwasser des ungebändigt aus dem Gebirge zuströmenden Flusses bedroht, und östlich davon waren beim Tal der Roth (einem Ur-Illertal) noch weite Strecken mooriger Wiesen oft schwer passierbar. Ebenso war es im weiten Ried südlich der Donau, die unterhalb von Ulm einst auch stark hin- und herpendelte.

Auf den Hochterrassen auf der Ostseite der Roth und auch der Iller lockte in der Nacheiszeit seit der Jungsteinzeit vom Wind angewehter Löß zu immer stärkerer Besiedelung, die nach Ausweis der Grabhügel am Rand der alten Feldfluren in der frühen Eisenzeit einen Höhepunkt erreichte. In der folgenden regenreicheren Zeit wanderten viele Kelten (wohl der Donau folgend nach Südosten) ab, und seit den Feldzügen der Legionen des Kaisers Augustus und seiner Nachfolger wurde dieses Keltengebiet im 1. Jahrhundert n. Chr. ins römische Reich einbezogen.

Zur Sicherung der Grenze entlang der Donau dienten die bereits um 40 n. Chr. gegründeten Kleinkastelle Burlafingen und Nersingen-Leibi. Die römische Militärmacht schuf hier die ersten Straßen: Die Donau-Südstraße vom Kastell Viana (am Nordrand von Illerkirchberg westlich der Iller) am Südrand des Donaurieds entlang nach Straß und weiter zum Kastell Günzburg, zunächst als einspuriger Fahrweg auf einer Kiesaufschüttung und mit Ausweichstellen. 1990 konnte auf der Unterfahlheimer Flur ein direkt an der südlichen Donaustraße liegender ummauerter römischer Friedhof mit Bestattungsspuren aus dem 1. bis 2. Jahrhundert freigelegt werden.

Als die römischen Truppen zum Albrand und später bis übers Remstal nach Norden vorrückten, gewannen Süd-Nord-Linien als Nachschubwege an Bedeutung, bei denen römische Gutshöfe, wie z. B. in Thalfingen, Aufheim und Wullenstetten, die alten Feldfluren systematisch nutzbar machten. Jetzt führte eine Straße im Rothtal hinab nach Straß und über die Donau hinweg nach Langenau zur großen Heerstraße von der Rheinebene bei Ladenburg über (Bad-)Cannstatt nach Augsburg. Später gewann eine Römerstraße am Ostrand des Illertals an Bedeutung, im Zug der ehemaligen B 19 zum alten, schon vorgeschichtlichen Donauübergang in Neu-Ulm am unteren Ende der Insel. Aus welcher Zeit ein Illerübergang nach Senden mit einer Straße (wohl römischen Ursprungs) in Richtung Südosten über Wullenstetten nach Weißenhorn stammte, bleibt noch zu klären, wie auch eine spätere Straße von Kellmünz nach Osten in Richtung Augsburg. Damals wurden Verkehrslinien im Kreisgebiet geschaffen, die viele Jahrhunderte hindurch nur gering verändert nachwirkten. In jener Zeit war Straß mit einer dörflichen Siedlung und wohl auch mit Herbergen der Verkehrsknotenpunkt dieses Gebiets. Der bei Straß entdeckte gallorömische Umgangstempel wird als Kultbau eines Landguts angesehen.

Das römische Kellmünz

In unserer Region bildet Kellmünz einen markanten Ort römischer Macht, dessen Entwicklung infolge der Forschungen von Roman und Johann Linder (1901–1913), Hans-Jörg Kellner (1952–1957), Norbert Walke (1959) und von Michael Mackensen (1986 bis 1993) in drei Perioden gesehen wird. In die erste, die mittelkaiserliche Zeit, gehören die später (ab 297 n. Chr.) in das Kastellmauerwerk verbauten und ab 1906 geborgenen hervorragenden Skulpturen von Togaträgern, die wohl aus aufwendigen Nekropolen des 2. Jahrhunderts stammten. Wenn sie nicht von fernher herbeigeschafft wurden, dann wären Großgrundbesitzer in unserem Gebiet als Urheber anzunehmen. Die Skulpturen wurden nach ihrer Ausgrabung 1906 ff nach München verkauft. Damals konnte der Verlauf der Wehrmauer und der Grundriss von Caelio monte festgestellt werden.
Dieses Kastell mit seinem mächtigen doppeltürmigen Tor in der mit insgesamt sechs Türmen befestigten geraden Ostmauer gehört zur Periode 2, in der Kellmünz Ausgangspunkt für die Klärung des militärisch gesicherten und kontrollierten Grenzgebiets als Limes wurde für die Zeit von ca. 250 n. Chr. bis um 420 n. Chr. In diese Klärung fällt im Jahre 297 auch der römische Rückzug auf das Donausüdufer, und Kaiser Probus (276 bis 282 n. Chr.) gilt als Reorganisator der neuen Flussgrenzen Raetiens. Im künftigen Grenzgebiet zwischen Kempten und Donau (zwischen Bettmauer und Bürgle) entstand damals unter Diokletian und Maximinianus Herculius auf halber Strecke das Kastell Kellmünz. In den ersten Jahren des vierten Jahrhunderts erlitt es eine Brandkatastrophe, und 308 n. Chr. wurde hier ein Münzschatz deponiert (1952 wiederentdeckt).
Die Besatzung des Kastells lässt sich aus dem Staatshandbuch *Notitia Dignitatum* erschließen: die cohors tertia Herculea Pannoniorum, ein Regiment mit wohl 300 Mann.
In der Periode 3 in Kellmünz, mit dem Wiederaufbau des Kastellinnern, entstand eine große einschiffige Aula mit Apsis und Säulenhalle – der Grundriss verläuft quer durch die heutige Pfarrkirche St. Martin –, die wohl vom raetischen Befehlshaber (Sitz Regensburg) genutzt wurde, auch zum Empfang und zum Geleit von alamannischen Gesandtschaften. Die für unser Gebiet einzigartige Wehrmauer von Caelius mons (oder, im erstarrten Ablativ: Caelio monte) bestand auch nach dem Abzug der Kohorte (um 430 bis 450 n. Chr.?). Hier ist Siedlungskontinuität anzunehmen, und die mächtigen Mauern ließen sich noch bis ins späte Mittelalter als Steinbruch nutzen. Ein archäologischer Park in der Ortsmitte von Kellmünz dokumentiert die Ergebnisse der von 1986 bis 1993 erfolgten Grabungen.
Zur spätrömischen Grenzbefestigung gehörte auch der oberhalb der Donausüdstraße in Finningen erbaute Wachtturm, ein in Stein erbauter Burgus von 370 n. Chr.

Siedlungen und Adelssitze der Alamannen

Als die Alamannen 233 n. Chr. die Grenzwehr der römischen Provinz Raetien am Riesrand durchstießen und bis nach Kempten hin die Gutshöfe der keltisch-römischen Bevölkerung ausplünderten und niederbrannten, flohen offenbar viele aus Raetien ins Gebirge; sie kamen, wie vergrabene Münzschätze beweisen, meist nicht zurück. Erst ein halbes Jahrhundert später gelang es den römischen Truppen im Gegenstoß wieder die Donau sowie die Iller zur Reichsgrenze zu machen und durch neue Kastelle in Günzburg und östlich von Illerkirchberg (Febiana, später weggeschwemmt) sowie in Kellmünz zu befestigen. Hier sicherte eine römische Restbevölkerung die Versorgung der Truppen. Als spätestens zur Mitte des 5. Jahrhunderts die Truppen nach Italien abgezogen wurden, suchten die Alamannen sich zunächst nach Westen in reichere Länder jenseits des Rheins auszubreiten. Doch im 5. Jahrhundert fassten sie Fuß am Rande von Donau- und Illertal, wie dies vor allem Ortsnamen beweisen: Elchingen, Nersingen, Burlafingen und Finningen, und auch Vöhringen und Filzingen sowie wohl wenig später im Umkreis von Ulm Fahlheim, Steinheim, Holzheim und Aufheim und im Umkreis von Kellmünz Jedesheim und Eichheim (später Illereichen). Ulm und Kellmünz waren offenbar frühe Herrschaftszentren, zu denen jedoch nördlich der Donau und westlich der Iller mehr Gebiet gehörte.

Als die Alamannen 496 den Nordteil ihres Stammesgebietes an den Frankenkönig verloren und 537 unter dessen Oberherrschaft kamen, als ihnen dann die Eroberung Italiens nicht gelang, blieb zur Gewinnung neuen Siedlungslandes nur die Urbarmachung einst verödeter Feldfluren, vor allem in (Bayerisch-)Schwaben. So entstand im 6. (oder 7.) Jahrhundert im Rothtal eine Kette von Siedlungen der Endung -hofen von Kadeltshofen bis hinauf nach Dietershofen. Im Umkreis von Adelssitzen entstanden dann auch Orte der Endung -hausen: um Ulm herum Offenhausen, Reginboldeshusen (später Remmeltshofen), Neuhausen, Hausen (und später Jedelhausen); um Kellmünz herum Betlinshausen und Dattenhausen. Eine neue Adelsherrschaft war im Roth- und Bibertal entstanden, zu der wohl Wallenhausen, Oberhausen, Witzighausen, Bubenhausen und Obenhausen gehörten. Der Herrensitz war hier wohl Biberegg, der Bergsporn beim späteren Kloster Roggenburg am unteren Ende des großen Forsts.

Die aufgeführten Orte waren oft klein. Die Alamannen lebten anfangs in Einzelhöfen oder in Gehöftgruppen, die erst später zum Teil zu Dörfern wurden. Bäuerliche Wirtschaftsweise war allgemein. Der Bauer hatte seinen Hof; der adlige Herr hielt Hof. Ansätze zu handwerklicher Produktion und zu Arbeitsteilung lassen sich fast nur an wenigen Adelssitzen jener Zeit nachweisen. So war es wohl auch hier.

Frühe Kirchen und Herrschaftszentren

Nahe bei Adelssitzen lagen offensichtlich auch die ersten Kirchen, als die Alamannen zu Ausgang des 6. Jahrhunderts das Christentum annahmen, in Ulm nach der Überlieferung seit etwa 600 n. Chr. Bald entstand wohl auch eine Kirche nahe bei Kellmünz, wohl in Kirchberg an der Iller. König Dagobert setzte dann um 625 die Iller als Grenze der Bistümer Augsburg und Konstanz fest. (Dies wurde 1155 nochmals von Kaiser Friedrich I. bestätigt. Doch da ein Teil der Markung Ulms südlich der Donau lag, wurde diese,

wie auch Pfuhl und Burlafingen bald danach für Jahrhunderte zum Bistum Konstanz geschlagen.) Dass im Illertal zahlreiche Kirchen (und auch die Kirche in Pfaffenhofen) dem heiligen Martin, dem bevorzugten Heiligen der Franken, geweiht wurden, beweist frühen fränkischen Einfluss in diesem Gebiet. Die Kirche in Oberfahlheim, St. Dionysius geweiht, weist wohl auf frühe Beziehungen zum Kloster St. Denis bei Paris hin.
Als das karolingische Königshaus 746 die Macht des Herzogs und des Adels in Alamannien brach, blieben weite Teile des heutigen Bayerisch Schwaben im Besitz von Nachkommen des (Teil-) Herzogs Nebi, die für die Karolinger Partei ergriffen. Seine Enkelin Hildegard, die Gemahlin Karls des Großen, gab viel Besitz im südlichen Illertal dem Kloster Kempten. Nachkommen ihres Bruders Ulrich besaßen (später) Kellmünz. Gerold, ihr Bruder, an den offenbar Gerlenhofen erinnert, bzw. nach seinem Tod sein Schwager, Kaiser Karl, übergab Gebiete im Donautal dem fernen Kloster Reichenau. Im heutigen Kreisgebiet lag damals kein Kloster.
Nach Abschaffung des Herzogtums hielten Grafen im Auftrag des Königs Gericht: Im Westen im Illergau beiderseits der Iller. Östlich von ihm reichte der Duriagau von Langenau bis Mindelheim. Zu ihm gehörte hier das Rothtal. Vor allem in diesem Gau ist später Besitz der Sippe des heiligen Bischofs Ulrich von Augsburg nachweisbar. In weiblicher Linie gehörte er gleichfalls zu Herzog Nebis Nachkommenschaft.
Aus Mangel an Quellen ist über die Entwicklung in den folgenden Jahrhunderten nur wenig bekannt. Neue Siedlungen entstanden durch Rodung, nach Süden voranschreitend in den Tälern von Osterbach, Biber und Roth sowie in den Illerauen. Biberachzell, Illerzell, Weiler bei Kellmünz und wohl auch Au, Buch, Ober- und Unterroth dürften u. a. in jener Zeit entstanden sein.

Burgen und Klöster

Im 11. Jahrhundert hatten die salischen Könige viel Besitz in und bei Ulm, König Heinrich III. auch im Illerwinkel. Da sich Adelsherrschaften häufig auch durch Töchter vererbten, und immer wieder geteilt wurden, sind jedoch erst im 12. Jahrhundert die Grundlinien einer neuen Entwicklung zu überschauen. Jetzt nannten sich Adlige immer mehr nach ihren Burgen, die schon in den Kriegen, unter Heinrich IV. und nach dem Tod Heinrichs V. († 1125) in großer Zahl aufgebaut wurden. Die Grafschaft im unteren Illergau stand nun den Grafen von Kirchberg zu, die (vor 1187) ihre Burg erst in Unterkirchberg, dann in Oberkirchberg erbauten. Ihr Besitz reichte auch östlich der Iller weit, über Wullenstetten bis Neuhausen und bis Illertissen. Auch dort entstanden bald Burgen. Zwischen der Grafschaft Kirchberg und der Herrschaft Kellmünz erbauten die Edelfreien von Aichheim vor 1128 eine Burg bei Untereichen (deren Reste jetzt durch eine Lehm-Sandgrube nahezu zerstört sind).
1160 erscheint als Zeuge in einer Urkunde Luitfried von Weißenhorn, dessen Wasserburg an der Roth wohl schon etwas früher, vermutlich um 1135, erbaut worden sein dürfte. Sein Sohn Berthold erbte von Verwandten die Burg Neuffen. Von dort, vom Albrand, ist offenbar der Name Weißenhorn samt dem Wappen ins Rothtal übertragen worden. Das Geschlecht stammte von Sulmetingen bei Laupheim und stammte von einer Schwester des heiligen Ulrich ab. Dagegen erloschen die Herren von Biberegg im Mannsstamm mit »Graf« Berthold und seinem Bruder Konrad, dem Bischof von Chur

(† 1150), die (nach der Überlieferung) 1126 in (bzw. neben) ihre alte Stammburg das Prämonstratenserkloster Roggenburg gründeten. Die Grafen von Kirchberg hatten schon 1093 nahe ihrer ersten Burg das Benediktinerkloster Wiblingen gegründet und mit Gütern zu beiden Seiten der Iller ausgestattet. Adalbert von Alechingen stiftete zusammen mit seiner Frau, Bertha von Staufen, einer Schwester König Konrads III., um 1110 ein Benediktinerkloster zu Füßen seiner Burg Elchingen. Die Tochter Luitgard und ihr Gemahl, Marktgraf Konrad von Meißen, verlegten 1150 dieses Kloster in ihre Burg, die zuvor Hauptstützpunkt gegen die Staufer in Ulm gewesen war, bis Ulm 1134 zerstört und ab 1140 von König Konrad III. wieder aufgebaut wurde. Doch erst seinem Neffen und Nachfolger Friedrich I. Barbarossa gelang es, mit seinem Oheim, Herzog Welf VI. den Ausgleich zu finden, so dass dessen Erbe, u. a. im Raum von Ravensburg bis Schongau 1191 schließlich den Staufern zufiel. Welf VI. hatte um 1160 die Stadt Memmingen gegründet, Friedrich I. wohl um 1164 die Stadt Ulm. Seit dem zweiten Kreuzzug wurde nun das Bauen mit Hausteinen erheblich verbessert, wozu auch die Verbindungen der Welfen und der Staufer nach Italien wesentlich beitrugen.
Aus Gegnern der Staufer wurden die Grafen von Kirchberg und die Herren von Neuffen zu Weißenhorn bald Anhänger der Staufer, deren Hof auch zum kulturellen Mittelpunkt wurde. Graf Konrad von Kirchberg und Heinrich von Neuffen waren als Minnesänger bekannt. Auch die zahlreichen Dienstmannen des Königs und anderer adliger Herren, Ministerialen genannt, denen militärische und organisatorische Aufgaben in Stadt und Land übertragen wurden, und aus denen das Patriziat und der niedere Adel hervorgingen, übernahmen vielfach den Minnesang, der später in Städten wie Ulm und Memmingen zum Meistersang wurde.

Bürger und ihre Gegenspieler

Nach dem Ende der Königsherrschaft der Staufer (1254) hatten die Bürger der Stadt Ulm es schwer, ihre Reichsfreiheit zu bewahren. Doch König Rudolf von Habsburg bestätigte 1268 Recht und Freiheiten für die Stadt Memmingen und 1274 desgleichen für Ulm. Diese beiden großen Reichsstädte wurden bald durch ihre Märkte, durch Handwerk und Fernhandel, vor allem über die Alpen und donauabwärts für Jahrhunderte die beherrschenden Wirtschaftszentren für das Landgebiet. Der niedere Adel verarmte nach dem Ende der Stauferherrschaft durch immer erneute Fehden und Erbteilungen. Selbst die Grafschaft Kirchberg war vielfach zerteilt. Die große Pest ab 1348 ließ viele Bauernhöfe veröden. Manche Adlige zogen in die Städte und wurden dort Bürger. Andere verkauften Güter an Bürger aus Ulm und Memmingen (z. B. Obenhausen an die Ferber) oder vergaben sie diesen als Lehen. Nur den Herren von Neuffen zu Weißenhorn gelang es, durch Erbheiraten und schließlich im Dienst Kaiser Ludwigs des Bayern ein eigenes Wirtschaftszentrum groß zu machen. Die Stadt Weißenhorn, die sie (wohl vor 1235) planmäßig gegründet hatten, und deren Grundriss überraschende Parallelen zu dem von Neuffen bei Urach aufweist, entwickelte sich zum belebten Marktort für das Rothtal und über die Herrschaft der Neuffen hinaus. 1342 starben diese aus mit Berthold von Neuffen, Graf zu Marstetten und Graisbach, worauf sein Besitz durch Heirat an Bayern fiel.
 Kellmünz und Illertissen, die um 1330 und 1430 Marktrecht erhielten, wie auch

Illereichen (vor 1451) und Pfaffenhofen (1474) und wohl noch später Buch, blieben wirtschaftlich eng begrenzt.

Im oberen Rothtal erwarb das Hochstift Augsburg 1355 die Herrschaft Schönegg. Schon 1291 waren ihm dort Ober- und Unterroth übereignet worden von Bischof Wolfhart von Roth, der 1302 starb. Sein Erzgrabmal im Dom zu Augsburg ist als Kunstwerk höchst berühmt.

Zwischen den Zonen der Ulmer und Memminger Vorherrschaft gelang es den Herren von Rechberg von Hohenrechberg im 14. und 15. Jahrhundert aus verschiedenen Einzelherrschaften ein beachtliches Herrschaftsgebiet von der Iller bis fast zum Lech hinüber aufzubauen, das dann – durch Erbteilungen geschwächt – vom 16. Jahrhundert an verschiedenen Linien der von Rechberg nur zum Teil erhalten blieb. 1330 gewann Konrad von Rechberg durch Heirat die Herrschaft Illereichen, 1340 erwarb er Kellmünz als württembergisches Lehen, Herrschaften, die bis 1677 bzw. 1791 im Besitz der Nachkommen seines älteren Sohnes blieben, sowie – von Kellmünz abgetrennt – bis 1679 auch Schloss Osterberg. Der jüngere Sohn, Albrecht, erwarb 1376 die Herrschaft Weißenhorn-Marstetten als Pfandbesitz von Bayern und 1378 Babenhausen sowie den Markt Waldstetten 1400, Herrschaften, die bis 1473 und 1539 sowie 1599 im Besitz seiner Nachkommen blieben, die 1432–1467 auch Mindelheim besaßen, während eine andere Linie der von Rechberg 1451–1524 Neuburg an der Kammel besaß. Die von Rechberg verstanden es, ihren Besitz energisch zu verwalten und zu mehren und auch geharnischt zu verteidigen.

Organisierte Herrschaft. Von der Burg zum Schloss

Herzog Ludwig der Reiche von Bayern-Landshut, der schon 1450 die Herrschaft Heidenheim erworben und danach Ulm bedrängt hatte, löste 1473 die Herrschaft Weißenhorn aus und erneuerte 1478 das Landgericht Marstetten, dessen Rechte er u. a. gegenüber dem Abt von Roggenburg rücksichtslos auszuweiten suchte. Sein Sohn Georg erwarb 1480 Erbach bei Ulm, 1481 die Herrschaft Kirchberg-Wullenstetten, 1495 die Herrschaft Pfaffenhofen und 1498 die Grafschaft Kirchberg. Pfaffenhofen war zwar 1303 von Österreich erworben worden, war aber seither fast immer verpfändet gewesen, zuletzt (um 1447) an Ulmer Patrizier, die den Ort 1469 erwarben und ihm Marktrecht vermittelten. Das straff verwaltete bayerische Territorium ringsum wurde der Reichsstadt Ulm gefährlich. Sie verstärkte ihre Stadtmauer an der Donau, der Herzog die Stadtbefestigung von Weißenhorn. Herzog Georg hatte jedoch keinen Sohn, nur eine Tochter. Um sein Erbe entbrannte ein Krieg, den Kaiser Maximilian 1505 durch Schiedsspruch beendete.

Als Vermittlungsgebühr nahm er die Herrschaften Pfaffenhofen, Weißenhorn und Kirchberg an sich und verkaufte sie 1507 an seinen Geldgeber, den Kaufmann Jakob Fugger den Reichen von Augsburg. 1511 erhielt dieser den Reichsadel, 1514 den Grafenstand. 1513 hatte er in Weißenhorn bereits ein neues Schloss erbauen lassen. Durch die zielbewusste Förderung der Weberei und die Einrichtung einer eigenen Barchentschau wurde nun Weißenhorn für Ulm zur empfindlichen Konkurrenz.

Auch dem Memminger Patrizier Erhard Vöhlin, dessen Großeltern 1462–1484 schon Vöhringen besaßen, gelang es mit ererbtem Handelskapital 1520 von den Erben der

1510 ausgestorbenen Grafen von Kirchberg die Herrschaft Illertissen zu erwerben und für sich und seine Nachkommen den Freiherrnstand zu behaupten, zumal er 1524 auch die Herrschaft Neuburg an der Kammel erwarb. Mit dem Neubau des großen hinteren Herrenschlosses (als Erweiterung der alten Grafenburg, dem vorderen Schloss) in Illertissen ab 1523 und, nach Brand, erneut ab 1549, wurde die neue Herrschaft im Illertal sichtbar. Die um 1450 erbaute stattliche Rechberg-Burg in Illereichen wurde von der Vöhlin-Residenz in Illertissen jetzt übertroffen.

Zwischen Reformation und Gegenreformation

Luthers Ideen und Sendschreiben zur Reformation der Kirche fanden zunächst auch hier gewaltigen Wiederhall. Das Gefüge der alten Kirche war in Frage gestellt, bald auch das soziale Gefüge durch die Forderungen der Bauern. Der Leipheimer Haufen plünderte 1525 das Kloster Roggenburg aus und wurde auch für Weißenhorn bedrohlich. Doch durch die Söldner des Schwäbischen Bundes wurde der Bauern-Aufruhr blutig niedergeschlagen. Anführer und Mitläufer wurden aufgespürt und bestraft. Die sozialen Verhältnisse zu verbessern war missglückt. Man fügte sich der Obrigkeit. Aber die Kirchen blieben leer. Die Besinnung auf das Evangelium vollzog sich kaum mehr dort, sondern in privaten Häusern und Treffen. Alle diese Ereignisse und den wechselvollen Gesinnungswandel schilderte der Weißenhorner Kaplan Nikolaus Thoman als Augenzeuge höchst anschaulich in seiner Chronik, die zu den wichtigsten gedruckten Quellen jener Zeit gehört.

Auch in Ulm waren die Verhältnisse anfangs nicht anders. Die Reichsstadt Ulm hatte vom Kloster Reichenau 1446 allen Besitz in und bei Ulm erworben, vor allem aber endgültig alle Rechte über die Ulmer Pfarrkirche, das Münster. Der Rat der Stadt zögerte jedoch lange, in das Kirchenwesen bestimmend einzugreifen, um nicht dem Gebot des Kaisers zuwiderzuhandeln. Erst als die Bürger 1530 in namentlicher Abstimmung mit hoher evangelischer Mehrheit den Augsburger Reichstagsabschied abgelehnt hatten, wurde 1531 die Reformation der Kirche in Ulm durchgeführt – in Stadt und Land. So wurden Pfuhl, Steinheim und Holzheim an der Leibi evangelisch, bald auch Reutti, Holzschwang und Hausen, wo Ulmer Patrizier Ortsherren waren und Schlösser erbauten. Sie folgten der Politik der Reichsstadt, die 1440 den Wildbann zwischen Iller und Donau erworben hatte. Nur Ulrich Ehinger von Groß-Kötz zu Neuhausen, ein Neffe Jakob Fuggers, blieb bei der alten Kirche.

Der reformatorische Widerstand gegen Kaiser Karl V., der für sein Weltreich die Einheit der Kirche erhalten wollte, zwang die Stadt Ulm, ihre Befestigung zu verstärken, drängte die Reichsstadt in ein Bündnis mit Hessen, Sachsen und Württemberg, führte sie 1546 in die Katastrophe des Schmalkaldischen Bundes. Der Fürstenaufstand 1552 zerbrach das Diktat des Kaisers, führte zum Augsburger Religionsfrieden 1555. Ulm kehrte bald zur evangelischen Konfession zurück, duldete schließlich den katholischen Kultus nur um den Klöstern und Klosterhöfen in der Stadt. Doch die Vorherrschaft der Patrizier, die Karl V. 1548 verfügt hatte, blieb. Um dem Konflikt zwischen dem Katholischen Lebensherrn und dem evangelischen Rat auszuweichen, verkauften die Ulmer Bürger allmählich ihren Besitz in und beim Roth- und Bibertal vor allem an Klöster.

 Ehen zwischen Katholiken und Protestanten waren noch lange häufig, alten Heiratsverbindungen folgend. Erst nach der Erneuerung der katholischen Kirche nach dem Konzil von Trient lockerten sich die alten Bande. Vor allem unter dem Einfluss der Jesuiten aus Dillingen wird auch in Weißenhorn eine Erneuerung des kirchlichen Lebens fassbar. Die Freiherren Vöhlin erbauten in Illertissen 1590 eine große Kirche, errichteten in ihr 1604 einen bedeutenden Altar. Die Fronten verhärteten sich, drängten zur politischen Auseinandersetzung, schließlich zum Krieg. Die Bewohner des ulmischen Dorfes Holzheim, das der Obrigkeit Österreichs unterstand, mussten 1627 katholisch werden oder auswandern.

Der Reichsstadt Ulm, die sich 1605–1622 zur starken Festung ausgebaut hatte, gelang es durch das Bündnis mit Schweden 1632–1635 ihre evangelische Konfession zu behaupten, bis 1648 dem furchtbar verheerten Land endlich wieder Friede geschenkt wurde.

Kirchen, Klöster und Adel im Schutze des Erzhauses Habsburg

Katholiken und Protestanten waren nun für fast zwei Jahrhunderte streng geschieden, je länger, desto mehr auch im Wirtschaftsleben. Die Reichsstadt Ulm samt ihrem Landgebiet hatte Mühe, sich wirtschaftlich wieder zu erholen, vor allem mit Leinen-Produktion und Handel. Nur die Donauschifffahrt blühte auf.

1648 war nur etwa ein Drittel der Einwohner im heutigen Kreisgebiet übrig geblieben, dezimiert vor allem durch die Pest 1635, aber auch durch Hunger und immer erneute Flucht in die Städte oder in die Wälder. Zuwanderer aus den Alpenländern, vor allem aus Tirol, übernahmen vielfach verödete Höfe und Häuser. So kam z. B. 1678 der Weber Jakob Kuen aus Pfunds im oberen Tiroler Inntal nach Biberachzell. Ein Enkel wurde Maler in Weißenhorn und dessen Sohn, Franz Martin Kuen, wurde als Maler weit bekannt. Weißenhorn wurde jetzt ein Zentrum für Künstler und Handwerker, aus dem auch zahlreiche Geistliche hervorgingen.

Eine neue katholische Volksfrömmigkeit war in den Leiden der Kriegszeit erwachsen. Durch Plünderungen und Grausamkeiten der Schweden waren die »Lutherischen« verhasst geworden. Wallfahrtskapellen und Kirchen entstanden und fanden Zulauf, so dass schließlich jede Herrschaft möglichst ihre eigene Wallfahrt haben wollte. Weg- und Feldkapellen und Flurkreuze zeichneten den Weg der Prozessionen in der Landschaft vor. Nach der Zeit des reinen Wiederaufbaus erstanden glanzvolle Kirchen- und Klosterbauten, schließlich sogar neue Pfarrkirchen bis in kleine Orte im Roggenburger Waldgebiet.

Führend im Neuaufbau ihrer Verwaltung waren nun die Klöster, vor allem Wiblingen, und Elchingen, die in mustergültiger Kartografie ihr Gebiet erfassen und darstellen ließen, aber auch Roggenburg, das sich vor allem um die kirchliche Betreuung seiner Pfarreien annahm. Elchingen und auch das dem Kloster Salem gehörige Unterelchingen wurden in der Barockzeit auch Standorte für die verzweigte und fruchtbare Baumeisterfamilie Wiedemann und für den Maler Joseph Wannenmacher. In der 1746 erbauten Kirche in Straß und in der Kirche in Thalfingen ist dies noch heute sichtbar. Das Klarissenkloster Söflingen, das u. a. Burlafingen besaß, wurde 1773 reichsfrei. Maler aus Söflingen waren vielfach in Schwaben tätig. Im Biber- und Osterbachtal gelang es dem Kloster Kaisheim (bei Donauwörth), sich ein Territorium zu erwerben (insbesondere

1666 Wallenhausen und Biberberg, 1760 Oberhausen, 1787 Biberachzell). Weniger geschlossen war der Besitz der Kartause Buxheim, die 1582–1782 Finningen als Pfand besaß und 1746 mit Neuhausen ergänzte, und 1674 schon Beuren erwarb. 1699–1803 gehörte auch die Herrschaft Obenhausen bei Illertissen zur Reichskartause Buxheim. Die großen Klöster waren jetzt die Zentren für Wissenschaft und Bildung. Wiblingen und Roggenburg erbauten nicht nur – wie auch Elchingen – große Kirchen und Klostergebäude, sondern erstellten auch bedeutende Bibliotheken.
Dies alles war möglich in einer langen Friedenszeit unter dem Schutz des Erzhauses Österreich. In seiner Markgrafschaft Burgau wurde Günzburg zum Verwaltungs-, Wirtschafts- und Schulzentrum. Österreich war auch Lehensherr der Fugger für die Grafschaft Kirchberg und die Herrschaft Weißenhorn sowie Schutzvogt des Klosters Wiblingen. Da jedoch – von einer vorübergehenden Störung abgesehen – alle Kaiser dem Erzhaus Österreich angehörten, konnten auch die reichsfreien Klöster sich unter dessen Schutz entfalten, bis die Kriege im Gefolge der französischen Revolution 1796–1800 Österreichs Vorherrschaft in Frage stellten. Napoleon brach sie mit der Schlacht bei Elchingen und der Kapitulation von Ulm 1805 endgültig.
Die Gebiete der Grafen Fugger konnten mit dieser Blüte der Klosterterritorien ringsum noch einigermaßen Schritt halten, ja von ihr Nutzen ziehen. Weißenhorn erhielt 1662 ein Kapuzinerkloster. Die übrigen Adelsherrschaften aber zerfielen durch Teilungen in immer kleinere Teile. Selten, dass es einem geschickten Emporkömmling gelang, eine Herrschaft zu kaufen und auszubauen, wie dem Sekretär der Reichsritterschaft, Johann Michael Mayer von Röfingen auf Bühl, der 1679 Osterberg von den Rechberg kaufte. Sein Sohn wurde 1712 »Reichsfreiherr von Osterberg« und baute sein Schloß aus. Über ihre Verhältnisse zu leben gehörte zum Lebensstil vieler Adliger. Der Freiherr von Vöhlin zu Illertissen und seine Frau, eine standesbewusste Gräfin, bauten ihr Schloss im Barockstil aus samt kostspieligen Gartenanlagen. Demzufolge wurde die Herrschaft 1731–1741 von der Reichsritterschaft zwangsverwaltet. Der Sohn erteilte auf Grund der von seinen Vorfahren behaupteten erblichen Pfalzgrafenwürde zahllose Wappenbriefe und erwarb sich damit Geld, hatte aber bald auch »Schulden wie ein Baron«. 1751 ließ er noch die Schlosskapelle völlig neu ausgestalten. 1757 zog er nach Neuburg an der Kammel. Er mußte die Herrschaft Illertissen an Bayern verkaufen, das damit erstmals wieder an die Iller vordrang.
Auch kleinere Adlige folgten dem schlechten Beispiel. Bellenberg z. B. erwarb 1764 ein Freiherr von Rechberg zu Kellmünz für seinen unehelichen, bald legitimierten Sohn, einen Offizier, der 1767 das neu erbaute Schloss als Sommersitz beziehen konnte, doch schon 1783 verkaufen musste.
Zahlreiche Erbteilungen hatten den alten Rechberg-Besitz zerstückelt. Illereichen fiel 1677 durch Heirat einer Erbtochter an einen Grafen von Limburg-Styrum aus Westfalen. Doch bereits der jüngere Sohn verkaufte im Alter diesen Besitz in Schwaben an den Reichsgrafen Karl von Palm, und dieser 1788 an den Fürsten von Schwarzenberg. Hier in der Herrschaft Illereichen musste eine andere Geldquelle helfen, eine übersteigerte Lebensführung zu ermöglichen. Bereits die Rechberg hatten 1650 einige Juden in Illereichen aufgenommen. Von 1719 an wurden sie in größerer Zahl von der Herrschaft angesiedelt an der alten Heerstraße in Altenstadt. Hier legten sie einen eigenen Friedhof an (im Wald vor Illereichen) und erbauten 1725 eine Synagoge, die 1802 zu einem baulichen Kleinod erweitert, seit 1938 gut erhalten ohne Funktion weiterbestand und erst

1955 durch Abbruchbeschluss zerstört wurde. Die Freiherrn von Osterberg folgten am Beginn des 19. Jahrhunderts dem Illereicher Beispiel: 1802 bekamen die Juden in Osterberg ihren Friedhof, 1813 eine Synagoge, 1831 eine jüdische Schule. Die Schutzgelder und die Möglichkeit, kurzfristig Kredite aufnehmen zu können, waren für diese Herrschaften von hoher Bedeutung. Der Verkehr im Illertal wuchs durch die Handelsgeschäfte der angesiedelten Juden.

Unter bayerische Verwaltung

Die Ideen der Aufklärung hatten den Primat des Staates gegenüber der Kirche und Klöstern in der östlich angrenzenden österreichischen Markgrafschaft Burgau bereits unter Kaiser Joseph II. vielfach fühlbar werden lassen. Als 1801 das ganze linke Rheinufer an Frankreich abgetreten werden musste, erhielten auf dem Reichsdeputationshauptschluss des Jahres 1803 weltliche Fürsten und Herren geistlichen Besitz sowie Reichsstädte als Entschädigung zugewiesen. An Bayern fielen die Klöster Elchingen, Roggenburg und Söflingen, die alsbald zum Sitz bayerischer Landgerichte wurden. Mit Kloster Kaisheim kam dessen Besitz in und beim Bibertal zu Bayern, mit dem Hochstift Augsburg dessen Besitz im oberen Rothtal. Vor allem aber wurde die Reichsstadt Ulm bayerisch mit ihrem gesamten Landgebiet. Nach Österreichs Niederlage bei Elchingen gewann Bayern 1806 nur kurz Kloster Wiblingen, das es bald an Württemberg abtreten musste, wohl aber die Oberhoheit über die Fugger-Herrschaften Kirchberg-Weißenhorn. Auch die restlichen Adelsherrschaften im Kreisgebiet wurden mediatisiert (so auch Beuren und Neuhausen. Sie waren mit dem Kloster Buxheim 1803 den Grafen von Ostein zugefallen).
1806 wurde Bayern Königreich, das 1808 in 15 Kreise eingeteilt wurde. Ulm wurde die Hauptstadt des Oberdonaukreises, der auch das ganze heutige Landkreisgebiet umfasste wie auch den Hauptteil der Westseite des Illertals.
Im Austausch für die Erwerbung österreichischer Gebiete musste das Königreich Bayern jedoch 1810 Ulm und die Gebiete westlich der Iller an das Königreich Württemberg abtreten. Dabei verlor Ulm fast die Hälfte seiner Stadtmarkung. Die heutige Landesgrenze nördlich der Donau wurde nach strategischen Gesichtspunkten gezogen. Mit Oberelchingen behielt Bayern eine beherrschende Albhöhe. Das Landgericht Elchingen – die alten Klostergebäude waren schon 1807 abgebrochen worden – wurde 1811 aufgelöst und dem Landkreis Günzburg zugeschlagen. Neu-Ulm, das 1810–1814 »Ulm auf dem rechten Donauufer« benannt gewesen war und 1810–1831 ein selbständiges Polizeikommissariat geblieben war, seit 1812 sogar mit landgerichtlichem Wirkungskreis, gehörte 1831–1842 auch zum Landgericht Günzburg. Die Landgerichte Illertissen und Roggenburg waren bis 1817 dem Illerkreis zugeteilt, der 1817 mit dem Oberdonaukreis vereinigt wurde, jetzt mit der Hauptstadt Augsburg. 1837 gab König Ludwig von Bayern dem Kreis den historischen Namen »Schwaben und Neuburg«.
Anders als in Württemberg blieben in Bayern hergebrachte Herrschaftsprivilegien des Adels geschont, so dass außer dem Fuggerischen Mediatgericht in Weißenhorn innerhalb der Landgerichte noch verschiedene Patrimonialgerichte bestanden, u. a. eines in Beuren, zugleich für Neuhausen. Ab 1814 war dem Fürsten Schwarzenberg ein Herrschaftsgericht II. Klasse zugestanden, das Illereichen, Kellmünz und Osterberg um-

fasste. 1833 verkaufte der Fürst seine Herrschaft an Graf Montgelas, und dieser trat sie alsbald an den Hofbankier Jakob von Hirsch ab, der die Gerichtshoheit dem König von Bayern überließ. Das leerstehende Schloss Illereichen ließ er 1838 abbrechen. In Osterberg verblieb den Freiherrn (seit 1817 von Ponickau) ein eigenes Ortsgericht.
Nach der Revolution von 1848 wurden diese Herrschaftsprivilegien des Adels bis 1852 beseitigt und damit eine einheitliche staatliche Verwaltung ermöglicht, deren Bezirke seither mehrfach verändert wurden; Bayern war jetzt endgültig ein Flächenstaat.
1862 wurden im Königreich Bayern Verwaltung und Justiz getrennt. Verwaltungssitze der Bezirksämter waren nunmehr Neu-Ulm (das seit 1842 wieder Sitz eines Landgerichts war) und Illertissen, letzteres auch für Roggenburg samt Weißenhorn, das nur noch Gerichtssitz blieb. 1880 wurde die Verwaltung des Gerichtsbezirks Weißenhorn dem Bezirksamt Neu-Ulm zugeschlagen. Das Bezirksamt Illertissen umfasste weiterhin (wie schon seit 1852) auch das südöstlich angrenzende Gebiet der ehemaligen Fugger-Herrschaft Babenhausen.
Als neues Zentrum entwickelte sich Neu-Ulm. Der Deutsche Bund erbaute 1842–1856 die Bundesfestung Ulm links und rechts der Donau. In ihren Mauern wurde Neu-Ulm ausgebaut, wurde 1848 Garnison, 1853 Bahnstation und 1869 Stadt. Die Eisenbahnlinie Augsburg–Neu-Ulm (1853/54) und nach Ulm (1854) und weiter nach Stuttgart wurde 1862/63 durch die Bahnlinie von Neu-Ulm über Memmingen nach Kempten ergänzt. Das Projekt, diese Bahnlinie durch das Rothtal über Weißenhorn zu führen, scheiterte. Weißenhorn geriet dadurch in einen verkehrstoten Winkel und erhielt erst 1878 durch die Erbauung der Nebenbahn von Senden her Anschluss an das neue Verkehrsnetz, dessen Linien nun die Entwicklung im Illertal und im Donautal förderten.
Die Eingliederung vieler verschiedener Herrschaftsgebiete in den bayerischen Staat zerstörte von 1802 an eine Fülle altüberlieferten Kulturguts vor allem in den Klöstern, deren Schulen geschlossen und deren Archive und Bibliotheken nach München, Augsburg, Dillingen und Neuburg verbracht wurden. Die Vereinheitlichung der Verwaltung nach altbayerischem Vorbild nivellierte unzählige historisch gewachsene Besonderheiten. Sie erleichterte aber damit Handel und Wandel, vollends, nachdem 1828 die Zollschranken zum Königreich Württemberg gefallen waren. Dies war nun vor allem für Neu-Ulm und Illertissen von Vorteil. Die Förderung der Landwirtschaft kam zuerst dem Feldbau zugute. Der Getreidehandel in den Schrannen in Illertissen und Weißenhorn blühte auf. Das Braugewerbe bemühte sich, dem altbayerischen Vorbild zu folgen. Die einheitlichen Vorschriften für Handwerk und Gewerbe erleichterten das Gesellenwandern, die königlich bayerische Post das Nachrichtenwesen. Je länger desto mehr wurde der Sog der großen Städte spürbar. Viele Juden zogen dorthin. Auch Künstler und Kunsthandwerker wanderten nach München, erst nur zur Ausbildung, dann für dauernd. Von München aus gesehen waren die Bezirksämter Neu-Ulm und Illertissen ferne Provinz. Immerhin erschienen nun eigene Zeitungen seit 1853 in Neu-Ulm, seit 1870 in Illertissen und seit 1873 in Weißenhorn.
Eine bedeutende Leistung der Verwaltung war die Korrigierung der Iller, 1858–1886 (im Kreisgebiet bis 1875), und ab 1837 sowie um 1884 der Donau. Jetzt konnte ihre gebändigte Wasserkraft industrieller Nutzung zugeführt werden. Die Ulmer Wieland-Werke erwarben 1864 eine Mühle in Vöhringen und errichteten hier eine Zweigfabrik, die zum größten Betrieb der Metallindustrie im heutigen Landkreis Neu-Ulm wurde. Sägewerke, Spinnereien und Webereien entstanden an Illerkanälen. Ziegeleien nützten das

Lehmvorkommen, vor allem am Ostrand des Illertals, blühten auf durch den immensen Bedarf zum Bau der Bundesfestung Ulm und auch zur Erbauung von Bahnhöfen. Dachziegel verdrängten allmählich die Strohdächer aus den Dörfern. Der Bau des »Iller-kanals« durch die Städte Ulm und Neu-Ulm ab 1898 ergab von 1906 an auch für das Kreisgebiet elektrische Energie. Von Neu-Ulm bis Altenstadt wuchsen der Bahn folgend da und dort Gewerbe und Industrie heran, in Gerlenhofen, Ay, Senden, Au, Illertissen und Altenstadt. Durch die Illerkorrektion waren weite Wiesenflächen gewonnen. Auch durch Trockenlegung von Riedwiesen wurde die Landwirtschaft gefördert. Mit Milch- und Käseerzeugung folgte sie immer mehr dem Allgäuer Vorbild. Nur die uralte Iller-flößerei ging zurück, erlosch noch vor 1914.
Die lange Friedenszeit, hier 1815–1914, ergab vielfach verbesserte Lebensbedingungen (langsam auch den Ausbau alter Spitäler zu Krankenhäusern und Altersheimen). Aber im Ganzen ergab sich hier nur ein langsames Wachstum der Wirtschaft und erst recht von Bildung und Kultur.
Die Stadt Neu-Ulm (seit 1890 kreisfrei) wuchs in Anlehnung an Ulm in ihren Festungs-mauern und seit 1908 nach Osten über diese hinaus. 1908 konnte sie hier Offenhausen eingemeinden. Anfangs zog Neu-Ulm Handwerker, Rentner und Pensionäre aus Ulm an. Garnison, Verwaltung und Amtsgericht brachten Beamte in die Stadt, die von 1868 an langsam auch Industriebetriebe anzog.

Im Sog der industriellen Entwicklung

Die starke Reduzierung der Garnison 1919 zwang Neu-Ulm, ein Gewerbe- und Industriegebiet im Südosten anzulegen, das bis 1939 und seit 1946 ständig weiter wuchs, nicht zuletzt durch Zuzug von Ulmer Betrieben. Die Bestrebungen, die Donau zu kanalisieren, führten von den 1920er Jahren an zusammen mit Ulm zu Planungen, die Donauauen für Hafenanlagen zu nutzen. Während des Zweiten Weltkriegs und in der Nachkriegszeit führte dies zur Ansiedlung von Industriebetrieben entlang der Donau bis nach Elchingen.
Der Bau der Autobahn von München 1935–1937, die Anlegung von Kieswerken, wie auch die Erbauung einer »Muna« im Klassenhart bei Straß ergaben weitere Entwicklungsansätze im Nordostteil des Kreisgebiets, während die Errichtung eines Tanklagers im Eschach bei Weißenhorn nicht so folgenreich wurde, immerhin auch für Weißenhorn die Anlage einer Industriezone vorzeichnete, die seit dem Autobahnanschluss an der A 7 stark gewachsen ist.
1945 wurde der Stadtkern Neu-Ulms durch Bomben zerstört. Die ab 1937 am Stadtrand erbauten, vom Bombenkrieg verschonten Kasernen dienten für Besatzungstruppen und später der amerikanischen Garnison. Von 1948 an vollzog sich in rund zwei Jahrzehnten der Wiederaufbau. Ströme von vertriebenen Deutschen, die Mehrzahl aus dem Sudetenland, kamen nach 1945 in alle Orte des Landkreises Neu-Ulm. Sie fanden Arbeit vor allem im Großraum Ulm/Neu-Ulm und im Illertal. Dies zog den Ausbau des Straßennetzes und der Verkehrslinien nach sich. Doch suchten schließlich viele sich Wohnungen näher bei ihren Arbeitsplätzen. Durch Ausbau der alten Industriewerke, durch Zuzug und Neugründungen entwickelte sich seither das Neu-Ulmer Industriegebiet unaufhaltsam.

Senden wurde zum neuen Industriezentrum, wurde 1955 Marktgemeinde, 1975 Stadt und zog Einkaufszentren an seit dem Bau der neuen Autobahn nach Memmingen und Kempten (1975/77). Vöhringen wuchs erheblich, wurde 1977 Stadt. Auch Illertissen, seit 1954 Stadt, hat sich (mit Au und Betlinshausen) zum industriellen Mittelpunkt entwickelt, dem sich weiter südlich Betriebe in Altenstadt anschließen. Auch die Gemeinde Bellenberg nahm als Wohnort und Gewerbestandort eine stürmische Entwicklung.

Den bedeutend gewachsenen Strombedarf sollten Kraftwerke decken, die an der Donau errichtet wurden (Ulm, Böfinger Halde 1950–53 und Oberelchingen 1959–60) und zuvor schon an Illerkanälen 1926–1931. Dadurch wurde auch die früher große Hochwassergefahr gebannt. Doch erst in den 1950er Jahren wurden durch den Ausbau von Stauschwellen die Folgen der überstarken Eintiefung der korrigierten Iller, die zur Senkung des Grundwasserspiegels geführt hatte, unter Kontrolle gebracht. Auch durch den Ausbau weiterer Kraftwerke oberhalb des Kreisgebiets wurde die früher völlig ungleichmäßige Wasserführung besser ausgeglichen.

Seither sind im Umkreis der Industriewerke immer neue Wohnsiedlungen entstanden, vor allem in den bisher fast wertlosen Niederungen an Iller und Donau. Der Bedarf für Hoch- und Tiefbau ließ den Kiesabbau lukrativ werden, weit über das Kreisgebiet hinaus. Seine »Mondkraterlandschaften« wurden neuerdings zu Naherholungsgebieten und Sportstätten ausgebaut.

Höhere Bildung konnte früher nur in den Städten ringsum erworben werden, in Ulm, Memmingen und Günzburg. Jetzt erwuchsen in Neu-Ulm, Weißenhorn und Illertissen höhere Schulen, an diesen beiden Orten aus Ordensniederlassungen (in Weißenhorn der Claretiner seit 1927, in Illertissen der Schulbrüder seit 1923), die schließlich zu Gymnasien wurden. Neuerdings wurden auch in Pfuhl und in Vöhringen Gymnasien gegründet. Neue Kirchenbauten (nicht immer so kunstvoll wie in Neu-Ulm St. Johann Baptist) zeigen das Wachstum einzelner Gemeinden an, schließlich weithin sichtbar auch Hochhäuser, wie z. B. in Neu-Ulm-Ludwigsfeld und in Senden-Wullenstetten, fordern bewusst zum Vergleich heraus wie das Donau-Center in Neu-Ulm gegenüber dem Ulmer Münster. Gezielt wird eigenständiges Kulturleben gefördert, wie z. B. in Neu-Ulm mit dem Edwin-Scharff-Haus und in Vöhringen mit dem Wolfgang-Eychmüller-Haus.

Der Landkreis Neu-Ulm seit der Gebietsreform 1972

Der Landkreis Neu-Ulm in seiner jetzigen Form wurde 1972 im Rahmen der bayerischen Gebietsreform aus dem Altlandkreis Neu-Ulm, einem Großteil des früheren Landkreises Illertissen sowie der ehemals kreisfreien Stadt Neu-Ulm gebildet. Er liegt im Westen des Regierungsbezirkes Schwaben im Freistaat Bayern und ist durch seine Lage zwischen Donau und Iller sowie der Nachbarschaft zum Bundesland Baden-Württemberg gekennzeichnet.

Als Mitglied der Innovationsregion Ulm macht sich der Landkreis Neu-Ulm für eine enge grenzüberschreitende wirtschaftliche Zusammenarbeit und die Kooperation mit den Hochschulen und Forschungseinrichtungen im Oberzentrum Ulm/Neu-Ulm stark.

Mit 160.000 Einwohnern auf einer Fläche von rund 515 Quadratkilometern gehört der Landkreis Neu-Ulm heute zu den kleinsten und am dichtesten besiedelten Landkreisen in Bayern. Er umfasst 17 Gemeinden, darunter die Große Kreisstadt Neu-Ulm und die Städte Senden, Vöhringen, Weißenhorn und Illertissen.
Der Landkreis zeichnet sich durch seine zentrale Lage und ausgezeichnete Verkehrsanbindungen zu den Ballungsräumen Stuttgart und München, ja zu ganz Europa aus. Die internationalen Flughäfen Stuttgart, München und Augsburg sind kaum mehr als eine Autostunde entfernt. Die Autobahnen A 7 und A 8 sowie das Schienennetz mit sieben Bahnlinien machen die Region zu einem wichtigen Knotenpunkt. Intercity und ICE fahren im Stundentakt das Oberzentrum Ulm/Neu-Ulm an.
Industrie, Handel und Gewerbe liegen an den Achsen des dicht bevölkerten Donau- und Illertales. Die Täler von Roth, Biber, Osterbach und Leibi mit ihrer abwechslungsreichen, unberührten Naturlandschaft sind überwiegend landwirtschaftlich geprägt.
Der Landkreis Neu-Ulm verfügt mit 45 Grund- und Hauptschulen, drei Förderschulen, fünf Realschulen, einer Wirtschaftsschule, sechs Gymnasien, 2 Berufsschulen, einer Fachoberschule mit Berufsoberschule und der Fachhochschule Neu-Ulm mit den Studiengängen Betriebswirtschaft und Wirtschaftsingenieurwesen über ein ausgewogenes und vielseitiges Bildungsangebot.
Seit 1969 besteht eine Partnerschaft mit der Marktgemeinde Prad am Stilfser Joch in Südtirol, seit 1990 eine Partnerschaft mit dem Landkreis Hettstedt, jetzt Mansfelder Land (Sachsen-Anhalt).

Heimat, das Erbe von Jahrhunderten

In den neuen und alten Zentren ist das Erbe vieler Jahrhunderte sichtbar: die alten Römerstraßen, die Höhenwege des frühen Mittelalters, Einzelhöfe aus der Zeit der Alamannen, Weiler und Dörfer aus der Zeit der fränkischen Kolonisierung und Organisation, Wallanlagen und Burgställe aus dem hohen Mittelalter, Marktflecken und eine Stadt (Weißenhorn) aus der weiteren Entwicklung des Mittelalters, Schlösser aus der Renaissance-Zeit des Adels, die großen Barockbauten vor allem der Klöster und Wallfahrtskirchen, Eisenbahnlinien, Bahnhöfe und Schulhäuser des 19. Jahrhunderts, Fabrikgebäude und Hochhäuser, Kiesgruben und Autobahnen des 20. Jahrhunderts. Noch sind Naturräume verblieben, die zu erhalten sich lohnt, die Auwälder entlang den Flussläufen, Wälder mit jahrtausendealten Grabhügeln vor allem auf den Höhen, weite Wiesenfluren in den Tälern und die jetzt großflächigen Feldfluren auf den Lößterrassen. Das alles zusammengenommen bedeutet für die hier Wohnenden Heimat, ein Erbe aus vielen Jahrhunderten.

Walter Wörtz

Funkenfeuer und Leibertag

Von alten und neuen Bräuchen im Landkreis Neu-Ulm

Beim Wort Brauch denken viele an Relikte aus grauer Vorzeit. Mit dem Blick zurück klagen besorgte Heimatforscher bereits Ende des 19. Jahrhunderts über das Verschwinden vieler alter Bräuche. So stellte bei einer Fragebogenaktion 1908 zum Thema »Sitte und Brauch« des Vereins für Volkskunst und Volkskunde in München der Berichterstatter aus dem Arbeiterdorf Ay, wohl ein fleißiger Dorfschulmeister, lapidar fest: »Merkwürdiges od. von andern Gegenden Abweichendes kann nicht berichtet werden.« Damals bestimmte das Kirchenjahr mit seinen Festen und Bräuchen das dörfliche Leben, wobei die Bevölkerung im Gebiet des heutigen Landkreises Neu-Ulm überwiegend der katholischen Konfession angehörte.
Einzig die ehemals ulmischen Dörfer Holzschwang, Pfuhl, Reutti und Steinheim verblieben seit der Reformation als protestantische Inseln. Erst mit der Industrialisierung in der zweiten Hälfte des 19. Jahrhunderts zogen evangelische Familien auf der Suche nach Arbeit von der Schwäbischen Alb ins untere Illertal. Noch immer sind viele Bräuche eng mit dem kirchlichen Kalender verknüpft. Oft sind es Vereine und örtliche Gruppierungen, die Bräuche wieder aufnehmen, weitertragen und auch verändern. Darum gibt es auch in der »Freizeitgesellschaft« unserer Tage Bräuche, die den Lauf eines Jahres gliedern und überhaupt nicht verstaubt oder antiquiert daherkommen, sondern durchaus die Bezeichnung »merkwürdig« verdienen.
Wurde das neue Jahr früher mit Böllerschüssen begrüßt, so erhellen heute Leuchtraketen und andere pyrotechnische Neuheiten die erste Nacht des neuen Jahres. Am Neujahrstag wünscht man sich »a guats gsonds nuis Johr«. In einigen Orten, wie in Meßhofen, Schießen und Neuhausen, ist die Musikkapelle zur Freude der Dorfbewohner unterwegs zum Neujahranspielen. Singend ziehen in den Tagen darauf bis Dreikönig die Sternsinger von Haus zu Haus und schreiben mit Kreide das Segenszeichen C+M+B (Christus mansionem benedicat – Christus segne dieses Haus) mit der Jahreszahl über die Türen und bitten um Spenden für einen guten Zweck. Der ursprüngliche Heische- oder Bettelbrauch armer Leute und Kinder hat sich in den letzten Jahren in den Pfarreien der Diözese Augsburg zu einem bedeutenden Hilfswerk von Kindern für Kinder in der Dritten Welt entwickelt.
An den Fasnachtstagen sammelten Kinder bis in die sechziger Jahre für ihr eigenes Säckle »Guatsla ond Zickerla«, vorausgesetzt man konnte mutig den passenden Spruch dazu aufsagen: »I be a arms Mäschkerle, ond nag ama Boi – geand mr doch a Kreizerle, no gange wieder hoi!« Auf die längste Fasnachtstradition im Landkreis können die Weißenhorner verweisen. Sie feierten bereits vor 500 Jahren innerhalb ihrer Stadtmauern ausgelassen die närrischen Tage mit »Mahl, Gelage und Fasnachtsspiel«. Mit dem »Narrenecho« erscheint heute sogar eine eigene Zeitung, die ihren Vorläufer in der erstmals 1898 herausgegebenen vierseitigen »Radikal-ridikülen, humoristisch-satirischen Fasnachtzeitung« hat. Alle reden heute von der Innovationsregion Ulm – dabei ist das

wahre Zentrum aller schwäbischen Sinnierer, Grübler und Tüftler schon seit 1987 Weißenhorn mit seiner närrischen Erfindermesse, bei der die allerneuesten Neuheiten einer strengen Jury zur Prämierung vorgestellt werden, wie z. B. ein zahnloser Kamm für Glatzköpfe oder ein viereckiger Ball für lauffaule Kicker. Den Schluss- und Höhepunkt der Weißenhorner Fasnacht setzt dann am Fasnachtsdienstag der große Umzug mit Wagen, Fußgruppen, Schalmeien und Guggenmusiken aus Stadt und Land.
Vielerorts regieren Prinzenpaare das närrische Volk und übernehmen im närrischen Handstreich am Rosenmontag die Amtsgewalt in den Rathäusern. Ganz im Gegensatz zu den lieblichen Tollitäten des rheinischen Karnevals stehen die wilden und rauhen Gestalten der schwäbischen Fasnet der immer zahlreicher werdenden Narrenzünfte. Von Kopf bis Fuß mit Maske und Häs vermummt, zieht der Träger unerkannt als Untereicher »Keazalälle«, Auermer »Kropf«, Illertisser »Wasserbetscher«, Sendener »Illerstoi«, Weißenhorner »Eschagore« oder Oberelchinger »Därlesbärbale« bei Narrensprüngen durch die Straßen. Wie die jüngste, die 1999 gegründete Gruppe der »Wasamolle« aus Illerberg-Thal, verkörpern sie alle ortstypische Besonderheiten und heimatliche Geschichten. Zu den festen Programmpunkten der schwäbisch-alemannischen Fasnet gehören Nachtumzüge und das Narrenbaumsetzen in der Ortsmitte.
Ein ganz und gar »merk-würdiger« Brauch hat sich in Attenhofen erhalten. Am »Gompiga Doschtig« treffen sich die Siebtklässler, früher die Abgangsklasse der Dorfschule, zum »Eseltreiben«. Ein maskierter, mit Frack und Zylinder gekleideter Fuhrmann hält die in langem Roggenstroh eingebundene und mit Schellen und Glocken behängte übermannshohe Gestalt des Strohesels am langen Zügel. Mehrere Treiber halten mit Papp-Pritschen, früher waren es Saublasen, die übermütige Dorfjugend vom Esel fern und verhindern so die Demaskierung der beiden Hauptpersonen des Spiels. Dabei sammeln die Treiber auf dem Zug durchs Dorf in den Häusern Schmalzgebackenes und kleine Geldspenden ein. Die meist jüngeren Kinder necken den Esel mit dem Spruch »Esel, Esel, ix, für drei Batza Schnitz, für drei Batza Fleadrameis, no hat dr Esel au a Speis!« Das wichtigste Requisit, das Häs des Esels, die schwere Roggenschaube, wird am darauffolgenden Tag bei einem »Feschtle« mit der Aufteilung des Heischelohns verbrannt.
Mit dem Aschermittwoch ist das Ende der Fasnacht erreicht und schon rüstet man sich in den meisten Orten für einen weiteren Höhepunkt im schwäbischen Brauchkalender, dem Funkenfeuer, das am ersten Sonntag in der Fastenzeit abgebrannt wird. Der »Funken«, mancherorts auch »Hemml- oder Scheibafuir« genannt, wird kunstvoll aus Holz und zuvor gesammelten Christbäumen um eine hochragende Fichtenstange aufgeschichtet. An der Stange hängt die Funkenhexe, eine groteske Strohpuppe, die als Verkörperung des Winters gilt. Begleitet vom örtlichen Musikverein geht es bei Einbruch der Dunkelheit gemeinsam mit Fackeln und Laternen zum Funkenplatz, meist eine Anhöhe, von der aus auch die Feuer der Umgebung zu sehen sind. Wenn der Funken hoch in den nächtlichen Himmel brennt, spürt man etwas vom Sehnen nach dem Ende der kalten Jahreszeit und von der Freude über den kommenden Frühling. In Senden und Weißenhorn werden dazu auch noch Scheiben geschlagen. Mit langen Haselnussstecken werden kleine glühende Holzrädchen über die »Schanz« in hohem Bogen ins Dunkel geschleudert . Dabei werden Sprüche aufgesagt, die früher meist deftig und aufmüpfig gegen die Obrigkeit ausfielen. Heute gereicht ein Scheibenspruch eher zur Ehre der Gewidmeten, wenn es beispielsweise heißt: »Scheib aus, Scheib ei, Scheib über da Roi, dia Scheib soll für onsra fleißiga Stadtverwaltung sei! – Fliagt se net, nau gilt se

net!« Zum Ausklang des Funkensonntags gehören schmalzgebackene Funkenküchle, »über dem Knie« ausgezogen oder als »Funkenschnöller« in der alten Form eines Flachszopfes geflochten.
Die Fastenzeit, von vielen wieder bewusst als Zeit des Verzichts genutzt, steht im Kirchenkreis für die Besinnung und die Vorbereitung auf das Leiden und Sterben Jesu. Die Karwoche beginnt mit dem Einzug Jesu in Jerusalem. Zum Gedenken an dieses Ereignis werden am Palmsonntag die kleinen Blütenkätzchen der Salweide als Palmzweige vom Priester geweiht. Diese Palmkätzchen spielten mit ihrer Segenskraft das ganze Jahr über eine große Rolle. Unters Dach gesteckt bewahrten sie das Haus vor Feuer, aufs Feld getragen schützten sie vor Hagel und Unwetter, und getrocknet wurden sie dem Vieh dem Futter beigemischt, um es vor Krankheiten zu behüten, und in Aufheim war man sich nach einer Notiz von Pfarrer Sylvester Eberle aus dem Jahr 1909 sicher, dass man gegen die Tötung durch den Blitz gefeit sei, wenn man ein geweihtes Palmkätzchen verschlucke. Soviel Vertrauen in die Kraft priesterlicher Weihe ging selbst Pfarrer Eberle zu weit, er vermerkte das Befragungsergebnis unter der Rubrik Aberglaube.
In den letzten Jahren sieht man wieder vermehrt die kunstvoll gebundenen »Palmen« mit einem Kreuz an der Kronenspitze, die an Stangen von Buben und Mädchen in feierlichem Zug zur Weihe in die Kirche getragen werden. Eine interessante Beschreibung gibt uns dazu der Vöhringer Lehrer Johann Geiger in seinem Bericht von 1908: »Der erste, der von den Palmträgern die Kirche betritt, ist der Palmesel, der letzte, der sie verlässt, der Reifaschmecker.« In den Familien wird heute der Letzte, der am Morgen des Palmsonntag aufsteht, als Palmesel verspottet. Der alte Brauch eines in die Kirche mitgeführten holzgeschnitzten Palmesels war bereits vor hundert Jahren in unserer Gegend nicht mehr üblich. Dagegen erhalten heute noch an diesem Tag viele Kinder von ihrem Paten, dem »Dotle«, eine große Palmbrezel.
Mit dem Gründonnerstag verstummen für die letzten Tage der Karwoche die Kirchenglocken. Sie sind, so erklärte man den Kindern, nach Rom geflogen und deshalb rufen Ministranten mit Klappern und Rätschen die Gläubigen zum Gottesdienst. Bei der Messfeier werden auch die Glöckchen der Ministranten durch Holzklappern ersetzt. In Oberfahlheim fahren am Karfreitag und Karsamstag Kinder in zwei bis drei Gruppen mit großen Schubkarrenrätschen morgens, mittags und abends durch den Ort. Früher bekamen sie dafür als Lohn die sog. Ratsch-Eier.
Mit der Liturgiereform durch Papst Pius XII. verschwanden in den 50er Jahren viele Ölbergdarstellungen und überall die letzten Heiligen Gräber, mehrstufige bühnenbildartige Bauten, die vor dem Hochaltar aufgestellt wurden. Besonders feierlich wurde die Grablegung am Ende der Karfreitagsliturgie in den Klöstern nachvollzogen. In Roggenburg wurde 1769 das alte Heilige Grab des Klosters in die Wallfahrtskirche nach Schießen gegeben. Das »erledigte« Heilige Grab von Schießen wurde darauf von der »Gemeind Bibren« (Biberach) mit Vertrag vom 10. Juli 1769 zur Aufstellung in der Pfarrkirche gekauft. Die Heiligen Gräber in Schießen und Biberach haben sich bis auf den heutigen Tag erhalten und werden seit einigen Jahren in der Karwoche auch wieder im Chorraum aufgebaut.
Beliebt wie ehedem ist in den katholischen Kirchen die österliche Speisenweihe. In einem Körbchen werden am Ostersonntag ein gebackenes Osterlamm mit Glöckchen und Siegesfähnchen, Speck, Brot, gefärbte Eier und Salz in den Gottesdienst mitgebracht. Das beherrschende Sinnbild des Osterfestes ist das Osterei. Hunderte ausgebla-

sener Ostereier und grüner Buchs schmücken zu Girlanden gebunden den Martinsbrunnen in Illertissen und machen ihn alljährlich zum sehenswerten Osterbrunnen – ein Frühlingsbrauch, der auch in anderen Orten des Landkreises immer häufiger anzutreffen ist.

Der Mai ist ein besonders festreicher Monat im Jahreslauf. Die Nacht zum 1. Mai gilt allgemein als Walpurgisnacht, und doch sind nicht immer die Hexen schuld, wenn sich das bewegliche Gut des eigenen Gartens auf der Straße oder im Hof des Nachbarn findet. Schließlich ist diese Nacht eine Freinacht, und mit dem Umstellen und Verstecken von Gegenständen sollten ursprünglich Hexen und Dämonen verwirrt und unsicher gemacht und damit von Haus und Hof abgewehrt werden. Die Verbandelung eines heimlichen Liebespaares offenbart eine in der Freinacht von schadenfrohen Kumpanen gezogene dicke Kalkspur von Haus zu Haus. Am Morgen des 1. Mai sieht man dann vor manchem Haus eine bändergeschmückte Birke. Als Liebesmaien sind sie den Mädchen von ihren Verehrern gewidmet, als Ehrenmaien gelten die Bäumchen mit einer Widmungstafel Vereinsvorständen, Feuerwehrkommandanten, freibierstiftenden Wirtinnen, aber auch Pfarrern, im letzteren Fall gesteckt von den Ministranten.

Jede Gemeinde stellt auf dem Markt- oder Dorfplatz repräsentativ den großen Ortsmaibaum auf. Im Gegensatz zu seinem oberbayerischen Bruder behält der schwäbische Maibaum seinen natürlichen Wipfel, sein geschälter Stamm ist mit einer Fichtengirlande umwickelt und bleibt nur im Monat Mai stehen. Der bunte Schilderschmuck ist örtlich verschieden. Aufgestellt wird er immer häufiger wie in früheren Zeiten: mit langen Stangenpaaren, den Scheren und der Muskelkraft starker Männer. Nach der Gebietsreform, mit Aufgabe der Selbständigkeit vieler Gemeinden, geriet der Maibaum zum stolzen sichtbaren Symbol der weiteren Eigenständigkeit einer intakten Dorfgemeinschaft. Die Bürger unserer Großen Kreisstadt Neu-Ulm mussten sich dagegen bis zum Jahr 2000 gedulden, bis ihnen endlich mit tatkräftiger Unterstützung ihrer traditionsbewussten Oberbürgermeisterin ein Maibaum vor das Rathaus gestellt wurde. Es wurde auch höchste Zeit, wenn man bedenkt, dass der kleine Vorort Schwaighofen in den Jahren zuvor das bescheidene Plätzle vor der Feuerwehrgarage mit prachtvollen Maibaumexemplaren, die jeder Großgemeinde zur Zierde gereicht hätten, aufwertete.

Zum Protestsymbol geriet der Maibaum 1988 für die Hetschwanger. Das kleine Dorf am unteren Osterbach wurde zehn Jahre zuvor unfreiwillig einer Gemeinde des Nachbarlandkreises angegliedert. Die Aufschrift auf dem blumengeschmückten Maibaumschild dokumentierte den Wunsch der Einwohner: »Dieser Baum steht als Zeichen der Einigkeit Hetschwangs und für unseren Wunsch, zu Pfaffenhofen zu gehören!« Der Protest brachte den aufmüpfigen Dörflern zwar nicht den gewünschten Erfolg, es wurde aber mal wieder deutlich, dass sich Bräuche auch heute noch bestens, weil öffentlichkeitswirksam, als Ventil zum Dampfablassen gegenüber ungeliebten obrigkeitlichen Anordnungen eignen.

Der Frühsommer ist die Zeit der Flurumgänge und Bittprozessionen für ein gutes Gedeihen der Feldfrüchte. Einen Eindruck vom Glanz der früher aufwendig inszenierten Kirchenfeste geben uns die Blumenteppiche und die geschmückten Altäre der Fronleichnamsprozessionen. Interessantes weiß dazu der Biberachzeller Pfarrer Xaver Holzapfel aus dem Jahr 1909: »Unartige Kinder werden auf den soeben vom Priester verlassenen Stationsaltar gesetzt, damit sie dann artig werden sollen. Oder man nimmt von jedem Stationsaltar im Freien ein Zweiglein und bringt sie nach Hause.« Ersteres, eine

verblüffend einfache Erziehungsmethode, ist heute in Vergessenheit geraten, das Mitnehmen von Birkenzweigen zum Schmuck des Hauskreuzes ist dagegen heute noch üblich.
Wallfahrtsorte besitzen noch immer eine große Anziehungskraft. Pilger kommen mit Anliegen und Bitten. Die Wallfahrt zu Fuß wurde abgelöst durch die Fahrt mit Auto und Bus. Geblieben sind Lichterprozessionen und Umgänge. Die traditionsreichste Wallfahrt im Landkreis Neu-Ulm findet am 3. Sonntag nach Pfingsten zur Sieben-Schmerzen-Muttergottes von Oberelchingen statt. Der Hohe Umgang ist das Hauptmarienfest auf dem »Heiligen Berg« der ehemaligen Benediktinerabtei Elchingen. Aber auch das ganze Jahr über finden dort Pilger vor dem Gnadenaltar ein »Anliegenbuch« für ihre Sorgen und Wünsche. Die Anfänge der Elchinger Wallfahrt gehen zurück in die Zeit der Gründung der Bruderschaft von den Sieben-Schmerzen-Mariens 1644 durch Abt Johannes Treu. Die zweite Wallfahrt im Landkreis Neu-Ulm am ersten Juliwochenende zur Maria-Hilf-Kapelle bei Meßhofen hat eine Entstehungsgeschichte, die eng mit dem Kloster Roggenburg verknüpft ist. Eine erste bescheidene Kapelle auf dem Wannenberg wurde zum Gedächtnis an die Errettung von Pater Franz Doser im Dreißigjährigen Krieg errichtet. Schwedische Soldaten entdeckten beim Einfall ins Kloster den als Bauern verkleideten Pater und knüpften ihn an einer Eiche auf dem Wannenberg auf. Da erschien Maria in der Baumkrone und prophezeite dem Unglücklichen seine Rettung und die spätere Wahl zum Abt. Ein Soldat kehrte reumütig zurück und schnitt noch rechtzeitig den Todgeweihten vom Baum. Pater Franz Doser regierte als Roggenburger Reichsabt von 1661 bis 1677. Die Maria-Hilf-Wallfahrt erlangte erst im 19. Jahrhundert, nach dem Ende der Klosterzeit, überörtliche Bedeutung. Die jüngste Wallfahrt entwickelte sich nach dem Zweiten Weltkrieg aus der Gebetsstätte Marienfried im Eichholz zwischen Pfaffenhofen und Beuren.
Einen Blick zurück in die prunk- und festfreudige Barockzeit gibt uns ein Brauch, der mit seinem Ablauf in der tiefen Frömmigkeit der Roggenburger Klosterzeit des 18. Jahrhunderts wurzelt. 1722 erhielt Abt Dominikus Schwaninger aus den Katakomben, den unterirdischen Gräbern Roms, die Leiber der Märtyrer Valeria, Severina, Laurentia und Venantius. Als segenspendende Patrone des Klosters wurden sie in den Seitenaltären der Klosterkirche aufgebahrt. Über die Aufhebung des Klosters hinaus hat sich in Roggenburg seit zwei Jahrhunderten der Brauch des »Leiberfestes« an Mariä Himmelfahrt erhalten. Nach dem Festgottesdienst mit eigenem »Leiber-Hymnus« formiert sich die Prozession mit den vier Heiligen zum Gang um das Kloster.
Das Fest Mariä Himmelfahrt am 15. August mit der Kräuterweihe liegt mitten in der Erntezeit. Heute ist der Sommer die Zeit der Wiesen-, Wald-, Dorf- und Stadtfeste, früher waren es mit dem Einbringen der Ernte die arbeitsintensivsten Tage des Jahres. Nach dem Schnitt des Getreides, die Rüben sind noch auf dem Feld, setzte man sich in den Höfen zum Fest der »Sichelhenke« zusammen. In manchen Dörfern lebt dieses Fest wieder auf. Im Zeitalter von Traktor und Mähdrescher hat die Sichel als Arbeitsgerät längst ausgedient, und so wird sie heute als Symbol der getanen Arbeit bänderverziert an der Stadelwand aufgehängt.
Im Reigen der herbstlichen Feste folgen Erntedank mit aufwendigen Erntealtären und prächtigen Teppichen aus Samen, Körnern und Früchten und am dritten Oktobersonntag Kirchweih, das sich bereits am Samstag mit dem »Zachäus«, der flatternden Kirchweihfahne an den Kirchtürmen, ankündigt. Von den vielen Bräuchen an diesem früher

wichtigen Fest, das am Montag weitergefeiert wurde, hat sich der Kirchweihtanz, mancherorts noch traditionell mit Dreher, Mazurka und Schottisch, erhalten.
Zu den Lichterbräuchen der dunklen Jahreszeit gehören die Rübengeisterumzüge der Kinder. Dabei scheint mit der Halloween-Mode aus den USA der Kürbis der guten alten Futterrübe den Rang abzulaufen. In Au wusste der Obst- und Gartenbauverein Rat und verteilte im Frühjahr 1999 an die Kinder Rübensamen. Im Herbst waren dann rund 50 gruselige Rübengeister unterwegs und setzten die Rübengeister-Tradition fort.
Von den früher so populären Bauernheiligen Notburga, Isidor, Wendelin und Leonhard gehörte der letztere zu den wichtigsten Nothelfern der Bauern. Als Schutzpatron für Ross und Reiter waren ihm Kapellen und kleinere Kirchen geweiht, zu denen auch Wallfahrtsritte stattfanden. Dank Reitvereinen und Pferdesportlern werden in Tiefenbach und Weißenhorn noch immer um den 6. November Leonhardiritte abgehalten, wobei sich der Weißenhorner in den letzten Jahren zu einem der großen Umritte in Bayern entwickelt hat.
Zu den frühesten Pfarreien gehören die Kirchen, die dem heiligen Martin geweiht sind. Im Illertal reihen sie sich wie Perlen an der Schnur: Kellmünz, Filzingen, Herrenstetten, Illertissen und, hoch über der Iller, Illerberg. Der Tag des Heiligen, der 11. November, war ein wichtiger Zinstermin, der Beginn des neuen Wirtschaftsjahres und der letzte Festtag vor der sechswöchigen Advents- und Fastenzeit. Sankt Martin ist heute allen Kindern bekannt als barmherziger Soldat, der seinen Mantel mit einem frierenden Bettler teilt. Sie feiern seinen Namenstag in Schulen und Kindergärten mit Martinsspiel und Laternenzug.
Mit dem ersten Adventssonntag werden in den Gemeinden mehr oder weniger stimmungsvolle Nikolaus- und Weihnachtsmärkte abgehalten. Der Nikolaustag ist immer noch ein Bescherungstag für Kinder, wenngleich der würdige heilige Bischof Nikolaus mit seinem wilden Begleiter, dem Knecht Ruprecht oder Krampus, immer mehr von einem rotgestiefelten Weihnachtsmann mit weißem Rauschebart in den Hintergrund gedrängt wird. Mehr und mehr in Vergessenheit gerät der Klopferstag, ein Heischebrauch, der in den drei Donnerstagen vor Weihnachten den Kindern Gelegenheit zum Anklopfen an den Häusern gab. Nach dem Aufsagen eines Klopferspruchs erhielten sie Geld und süße Gaben.
Die früher so stille Zeit der Erwartung der Geburt Jesu ist nun einer vorweihnachtlichen Einkaufshektik gewichen. Vielleicht bleibt aber doch an Weihnachten und den Tagen danach Muse zum Kripplesschauen in Kirchen und Stuben. Der Illertisser Bezirkslehrer Opfinger schreibt über Weihnachten 1908: »Weihnachten hat man jetzt in fast jedem Hause den Christbaum; dieser Brauch ist aber erst in den letzten 20 Jahren hier eingeführt worden. Älter ist die Krippe, die meist in der Christusecke aufgestellt wird.« Ob Kastenkrippe, Eckkrippen mit kleinen Tonfiguren, den »Bachenen«, oder ganze Krippenlandschaften im orientalischen Stil – die Tradition des schwäbischen Krippenbauens ist ungebrochen. Die schönsten und größten Krippenschauen im Landkreis Neu-Ulm finden in Weißenhorn, Illerberg und Illertissen statt.
Auf der Rundreise durch ein Jahr voller alter und neuer Bräuche im Landkreis Neu-Ulm konnte also doch Merkwürdiges und manchmal sogar von anderen Gegenden Abweichendes berichtet werden. Gerade in unserer Zeit der atemberaubend schnellen Veränderungen können die wiederkehrenden Bräuche und Feste der Schlüssel zum Kennenlernen und Verstehen der Kultur einer Region werden.

Uschi Knapp

»Wasserkraft und Datenhighway«

Die wirtschaftliche Entwicklung im Landkreis Neu-Ulm ist eng mit bedeutenden Unternehmerpersönlichkeiten verknüpft. Mit Ideen, Risikobereitschaft und Weitsicht legten sie den Grundstein für erfolgreiche Betriebe, die zum Teil bis heute Bestand haben und vielen Menschen in der Region Brot und Arbeit geben.

Erfindungsgeist und Innovationskraft sind nach wie vor im Kreisgebiet reichlich zu finden. Namhafte Firmen, häufig mit internationaler Bedeutung, haben hier ihren Sitz. Sie tragen bei zur wirtschaftlichen Stärke des Landkreises, die sich zu Beginn des Jahres 1999 in einer Zahl von über 7.180 Mitgliedsunternehmen im Bezirk des Industrie- und Handelsgremiums Neu-Ulm dokumentiert. Auch in den Zahlen des Bruttoinlandsproduktes (BIP) spiegelt sie sich wider. Das BIP erfasst den Wert der innerhalb eines bestimmten Zeitraums produzierten Güter und Dienstleistungen und liefert somit einen Maßstab für die wirtschaftliche Gesamtleistung. Im Zeitraum von 1980 bis 1996 wuchs es um 103 Prozent an und lag bei der letzten statistischen Errechnung (1996) bei 6.090 Mio. DM. Die höchste Wertschöpfung erbrachte dabei mit einem Anteil von 48,6 Prozent das produzierende Gewerbe, gefolgt von den Dienstleistungsunternehmen mit 36,5 Prozent sowie von Handel und Verkehr mit 14 Prozent.

Das Strukturbild der ansässigen Industrie ist besonders durch den Stahl-, Maschinen- und Fahrzeugbau, das Spektrum der metallverarbeitenden Industrie sowie durch die Herstellung von Gummi- und Kunststoffwaren geprägt. Aber auch das Holz-, Papier- und Druckgewerbe und die Nahrungs- und Genussmittelindustrie sind wichtige wirtschaftliche Faktoren im IHK-Bezirk Neu-Ulm. 132 Industriebetriebe mit insgesamt 19.822 Beschäftigten erwirtschafteten hier im Jahr 1997 einen Gesamtumsatz von über 6,6 Mrd. DM. Mit einem Auslandsumsatzanteil von 39 Prozent ist der Raum Neu-Ulm sogar führend im Bezirk der IHK Schwaben. Damit zeigt sich auch die große Bedeutung exportintensiver Investitionsgüterhersteller im Landkreis.

Die Schwerpunkte für Industrie, Handel und Gewerbe mit starker Bevölkerungskonzentration finden sich vor allem entlang der Entwicklungsachsen im Donau- und Illertal, im Gegensatz zu den vorwiegend landwirtschaftlich geprägten Gebieten in den Tälern von Roth, Biber, Osterbach und Leibi.

Die Anfänge

Ein komplettes Bild der wirtschaftlichen Entwicklung des Landkreises Neu-Ulm zu vermitteln, erscheint angesichts der Vielzahl der Branchen und Betriebe nahezu unmöglich. Dieser Beitrag beschränkt sich deshalb bewusst auf einige Unternehmen, deren Geschichte beispielhaft und stellvertretend für viele andere in der Region erscheint.

Die Wurzeln der industriellen Entwicklung im Landkreis Neu-Ulm liegen an der Iller. Ihre Wasserkraft wurde schon seit Jahrhunderten durch ein System von künstlich angelegten Bächen genutzt, an denen sich mehrere Mühlen befanden. Durch ihre Möglichkeit zur Stromgewinnung bildeten sie den Anreiz für Ulmer Unternehmer, erste Betriebe im unteren Illertal zu gründen. Die zunehmende Mechanisierung der Fabriken in Ulm hatte für steigenden Energiebedarf gesorgt, der durch die Wasserkraft der Blau nicht mehr abzudecken war. Auch gab es noch keine technischen Möglichkeiten, um die Donau für Antriebszwecke zu nutzen. Der Betrieb von Dampfmaschinen als Alternative zur Wasserkraft hatte sich noch nicht durchgesetzt: Man verfügte kaum über Energierohstoffe, und die Transportwege für Kohle waren lang und teuer. So suchten die Unternehmer nach neuen Expansionsmöglichkeiten, auch angesichts der räumlichen Einengung durch die Bundesfestung Ulm, deren Bau im Jahr 1842 begann. Der Festungsgürtel rund um die Stadt machte sich negativ bemerkbar, neue und größere Gewerbeflächen standen in Ulm erst nach Niederlegung der Wälle im Jahr 1903 zur Verfügung.

Die Ausdehnungspläne ins Umland wurden durch den Bau der Eisenbahn begünstigt. Schon 1843 hatte es erste Überlegungen zum Bau der Strecke Ulm–Memmingen–Kempten gegeben. Die festliche Eröffnung der Teilstrecke Neu-Ulm–Memmingen fand am 11. Oktober 1862 statt. 1878 folgte die »Vicinalbahn« auf der Strecke Senden–Weißenhorn. Auch der Ausbau von Elektrizitätswerken an der Iller seit 1878 begünstigte die industrielle Entwicklung im unteren Illertal.

Weberei und Spinnerei Ay

Der findige Kunstmüller und Maschinenfabrikant Johann Georg Krauß, der in Ulm eine durch Wasserkraft betriebene Weberei mit 60 mechanischen Webstühlen unterhielt, hatte schon früh die zentrale Bedeutung der Mühlen erkannt und die wichtigsten im Ulmer Wirtschaftsraum aufgekauft, darunter auch die Obere Mühle am Mühlbach in Ay und die Mühle in Vöhringen. Im Juni 1857 gründete Krauß zusammen mit acht Ulmer Handel- und Gewerbetreibenden die Aktiengesellschaft »Mechanische Weberei Ulm« (MWU), die seine vor dem Frauentor liegende Baumwollweberei aufkaufte. Kurz darauf erwarb sie auch die Mühle in Ay, die zur Weberei mit 146 Webstühlen ausgebaut wurde. Die »Vorwerke« – Spulerei, Zettlerei und Schlichterei – befanden sich noch in Ulm, die benötigten Stoffmengen mussten täglich mit Pferdefuhrwerken angeliefert werden. Dieser umständliche und kostenintensive Betrieb wurde 1859 eingestellt. Der Messingfabrikant Philipp Jakob Wieland erwarb für 30000 Gulden das Ulmer Anwesen, die Produktionsanlagen der »MWU« wurden komplett nach Ay verlegt.

Bereits im Jahr 1860 hatte Robert Krauß, der Sohn des Firmengründers, auf eigene Rechnung den Bau eines neuen Illerkanals – parallel zum bereits genutzten Mühlbach – ausführen lassen. 1862 ging der Kanal in den Besitz der Aktiengesellschaft über. Gleichzeitig wurde mit dem Bau einer Spinnerei in Ay begonnen, um von fremden Zulieferern unabhängig zu werden. Mit zunächst 5.520 Selfaktorspindeln aus Manchester nahm sie 1864 die Arbeit auf. Der Betrieb firmierte nun unter der Bezeichnung »Spinnerei und Weberei Ulm in Ay«, Vater und Sohn Krauß schieden ein Jahr später nach Differenzen mit dem Verwaltungsrat aus der Firma aus.

Der Illerkanal konnte nicht wie beabsichtigt die notwendige Wasserkraft für die Spinnerei liefern. 1865 erwarb man deshalb eine 100 PS starke englische Dampfmaschine. Eine Erhöhung der Energiegewinnung ergab sich zudem durch die Einlegung einer Grundschwelle in die Iller, die 1869 von den Behörden genehmigt wurde. Im Februar des gleichen Jahres brannte das neue Spinnereigebäude ab. Sehr rasch wurde aber wieder eine neue Produktionsstätte errichtet und noch im Oktober 1869 in Betrieb genommen.
1884 kaufte die Gesellschaft die 1882 abgebrannte Meßmersche Mühle am Mühlbach in Gerlenhofen-Freudenegg und errichtete auf dem Gelände eine Grobspinnerei. Auch hier erwies sich die Wasserkraft als unzureichend. So entschloss man sich 1895 zur Errichtung einer elektrischen Kraftübertragungsanlage mit einer Zentrale in der Spinnerei Ay und mit Kraftabgabestellen in der Spinnereifiliale Gerlenhofen und in der Weberei Ay.
Schon früh gab es soziale Einrichtungen für die Arbeiterschaft: Im Jahr 1858 wurde eine eigene Fabrik-Krankenkasse gegründet, zudem wurden eine Arbeiterunterstützungskasse und eine Fabriksparkasse ins Leben gerufen. Die ersten Werkswohnungen entstanden in den Jahren 1905/06 in Gerlenhofen-Freudenegg. Im Jahr 1909 erfolgte die Fusion der »Spinnerei und Weberei Ulm« mit der Spinnerei und Weberei Pfersee in Augsburg, von 1921 an beteiligte sich die Kolbermoor-Gruppe mehrheitlich an der Aktiengesellschaft. Rohstoffverknappungen und drastische Einschränkungen zugunsten der Schwerindustrie führten in den beiden Weltkriegen zu erheblichen Rückschlägen, obwohl das Werk Ay in kleinem Umfang ständig in Betrieb war.
Nach dem Zweiten Weltkrieg begann man schon im Mai 1945 wieder mit der Produktion. Für viele Heimatvertriebene wurde die Weberei und Spinnerei Ay nun neue Arbeitsheimat. Der großen Wohnungsnot begegnete das Unternehmen Anfang der 50er Jahre durch die Errichtung mehrerer Neubauten, nachdem schon in den 20er und 30er Jahren weitere Werkswohnungen entstanden waren. Der wirtschaftliche Aufschwung Mitte der 50er Jahre erstreckte sich nur zum Teil auf die Textilindustrie. Die ostasiatische Konkurrenz machte sich immer deutlicher bemerkbar, die heimische Stapelware geriet zusehends unter Preisdruck. Die 60er Jahre standen im Zeichen der Modernisierung bei Maschinen und Kraftanlagen, um konkurrenzfähig zu bleiben. Viele alte und angesehene deutsche Textilbetriebe mussten in dieser Zeit bereits aufgeben. Die Spinnerei Gerlenhofen-Freudenegg wurde im September 1967 stillgelegt. Zum 100-jährigen Pfersee-Jubiläum im Jahr 1981 schaute man noch mit Zuversicht in das zweite Jahrhundert der Firmengeschichte, doch die negative Entwicklung in der Textilindustrie mit übermächtiger Konkurrenz auf dem Weltmarkt führte schließlich im Jahr 1993 auch zur Schließung der traditionsreichen Weberei und Spinnerei Ay.

Mit Bienengift zum Erfolg

Auch in Au bei Illertissen bildete eine Mühle den Grundstein für ein heute international agierendes Unternehmen: 1860 verlegte der Ulmer Unternehmer Heinrich Mack seine Fabrik für die Herstellung von Reisstärke von der Ulmer Altstadt nach Au, wo er eine Ölmühle gekauft hatte. Weltbekannt wurde der Betrieb schon früh durch einen der ersten Markenartikel: »Kaiser Borax«, der Weichmacher für Wasch- und Badewasser ist seit 1885 auf dem Markt und heute sogar in der Sammlung Alltagskultur im Deutschen Historischen Museum Berlin zu bewundern. 1920 wurde die Firma von dem Memminger Malzfabrikanten Josef Forster von dem letzten Mack-Erben käuflich erworben. Zehn Jahre später trat sein Sohn Dr. Karl August Forster in das Unternehmen, ein Glücksfall, wie sich schnell erwies. Unter der Regie des Mediziners, Chemikers und Pharmakologen wurde zum einen Kaiser Borax zum Ausgangspunkt für eine neue kosmetische Artikelreihe, zum anderen begann Heinrich Mack Nachf. nun auch mit der Produktion von Arzneimitteln. Vor seinem Eintritt in den väterlichen Betrieb war Karl August Forster Assistent am Pharmakologischen Institut der Universität Würzburg und beschäftigte sich dabei vor allem mit Fragen der Resorption und Toxikologie. Seine diesbezüglichen Erfahrungen und das Vorhandensein einer kleinen Bienenzucht brachten ihn auf die Idee, das Bienengift therapeutisch einzusetzen. Er entwickelte die Rheuma-Salbe »Forapin« (aus den Namen Forster und Apis = Biene), das den Grundstock für weitere Forschungen bildete und heute noch in den Regalen der Apotheken zu finden ist. Das benötigte Gift wurde in einer eigenen Bienenfarm gewonnen, die bis zu ihrer Aufgabe im Jahr 1984 Pionierarbeit leistete und als erste und größte Bienenzucht Europas geradezu zum »Mekka« der Imker wurde. Zeitlebens gute Beziehungen zu Ärzten und Apothekern erreichte der rührige Unternehmer nach dem Zweiten Weltkrieg mit der Produktion von dringend benötigtem Insulin aus Seefischen. In Fachkreisen machte sich das Unternehmen einen Namen zudem durch die Förderung spezieller wissenschaftlicher Fragen. So lag ein Schwerpunkt der Mack'schen Forschung auf der medikamentösen Krebsbekämpfung.

122 Jahre nach ihrer Gründung ging die Firma Heinrich Mack Nachfolger an den amerikanischen Pharmaziekonzern Pfizer Inc. in New York über. Die Firma war in eine Größenordnung hineingewachsen, die zur weiteren Entwicklung eine umfangreiche medizinisch-pharmazeutische Forschung erforderlich machte. Ein Weltkonzern wie Pfizer konnte dies gewährleisten. Heute verfügt die Firma Heinrich Mack Nachf. GmbH & Co. KG am Standort Illertissen-Au über eine der modernsten Produktionsanlagen Europas für die Herstellung und Konfektionierung von Arzneimitteln. Die Produktion ist auf wichtige Indikationen der Humanmedizin spezialisiert: Herz-Kreislauf-Präparate, Antirheumatika, Antibiotika, Zytostatika und Erkältungspräparate. Darüber hinaus produziert und vertreibt das Unternehmen auch Consumer Health Care-Produkte.

Wieland Werke AG

Mit der Kunst des Glockengießens begann 1820 die bis heute anhaltende Erfolgsgeschichte der Wieland Werke. Der 27-jährige Ulmer Philipp Jakob Wieland übernahm von seinem Onkel eine Kunst- und Glockengießerei in der Ulmer Rosengasse. Bereits acht Jahre später, nach dem Kauf einer Sägemühle im Altstadtkern, begann er mit der Produktion von Messing-Walzmaterial. Innerhalb der Stadtmauern konnte sich der rasch wachsende Betrieb jedoch nicht weiter entfalten. Deshalb kaufte Wieland 1859 die Spitalmühle in Ulm und 1864 die Krauß'sche Mühle im 17 km südlich gelegenen Vöhringen. Die neue Eisenbahnverbindung mit Ulm bedeutete einen Pluspunkt. Ein weiterer Vorteil wird in einem Brief vom 11. Juni 1864 in Wielands Kopierbuch

genannt: Vöhringen biete »hinreichend Platz, das Notwendigste zu vereinen, was meine Industrie zum Betrieb erfordert«. Der Ausbau erfolgte ohne Zeitverlust, 1865 war ein Fabrikgebäude errichtet. Die Vöhringer Anfangsbelegschaft zählte 38 Arbeiter, das Dorf hatte zu diesem Zeitpunkt 700 Einwohner.
Schon lange vor der Bismarck'schen Sozialgesetzgebung setzte Philipp Jakob Wieland einen ersten Markstein fortschrittlichen sozialen Denkens. 1834 richtete er für die Belegschaft des Messingwalzwerkes im Ulmer Fischerviertel eine Fabrikkrankenkasse und eine freiwillige Betriebssparkasse ein. In den Jahren 1892/93 erbaute die Messing- und Metallwarenfabrik in Ulm ein Miethaus mit 16 Werkswohnungen. 1903 und 1910 folgten kleine Arbeiterhäuser, die zum Selbstkostenpreis an die Arbeiter abgegeben wurden. Auch in Vöhringen bestand die Notwendigkeit, dem expandierenden Unternehmen einen ortsansässigen Facharbeiterstamm zur Verfügung zu stellen. Dies machte eine attraktive Wohnungspolitik erforderlich und ließ das Dorf rasch wachsen. 1900 zählte es 1440 Einwohner, 1910 bereits 2170. Zwischen 1903 und 1910 entstanden entlang der Illerzeller Straße und der Frauenstraße drei geschlossene Wieland-Siedlungen. Die 48 Doppelhäuser stehen unter Denkmalschutz.
Auch heute noch fühlt sich die Wieland-Gruppe den unternehmerischen Grundsätzen ihres Firmengründers verpflichtet. Die 1922 gegründete Wieland-Stiftung unterstützt Mitarbeiter in Notlagen, zahlt Zusatzrenten an Pensionäre und Hinterbliebene. Weltweit gehören neun produzierende Gesellschaften, acht Schneidcenter und Handelsgesellschaften sowie zehn Vertriebsgesellschaften zur Gruppe. Von den rund 5888 Mitarbeitern im Jahr 2001 sind mehr als 2500 im Vöhringer Werk tätig, das mit der Gießerei die Basisversorgung für die gesamte Gruppe darstellt. Zu Beginn der 90er Jahre wurde im südlichen Teil des Firmengeländes eine neue, hochmoderne Produktionsanlage für die Stangen- und Profilfertigung gebaut. Kupferwerkstoffe aus dem Hause Wieland haben international einen guten Klang. Die daraus hergestellten Walzfabrikate, Glatt- und Rippenrohre, Stangen, Profile und Drähte sowie Gleitlager sind heute wichtiges Vormaterial oder Bauelemente für viele Branchen in der Welt.

Brüder Winkle, Altenstadt

Als Beispiel für die schrittweise Entwicklung einer vorindustriellen Fertigung hin zur industriellen Produktion ist die Schuhleistenfabrik Winkle in Altenstadt zu nennen. Im Jahr 1865 gründete der gelernte Schreiner und Nebenerwerbslandwirt Adolf Winkle einen Betrieb, in dem er Zündhölzer und Schuhwichse herstellte. Bereits fünf Jahre später wurden die ersten Drehbänke für Schuhleisten gekauft, Hersteller dieser technischen »Wunderwerke« war der Erfinder Karl Benz, der damals nicht nur Automobile, sondern Maschinen aller Art baute.
Die Serienfertigung von Schuhfabrikationsleisten im großen Stil begann um die Jahrhundertwende. Die Voraussetzung dazu lieferten die damals revolutionären Gilman Drehbänke aus Amerika. 1908 wurde die Firma in »Brüder Winkle« umgewandelt, alle vier Söhne des Firmengründers waren in dem florierenden und kräftig expandierenden Betrieb tätig. Der Konstrukteur unter ihnen, Eugen Winkle, erfand 1919/20 eine neue Drehbank, auf der weit präziser gearbeitet werden konnte als bisher. Der Betrieb vergrößerte sich ständig. 1921 wurden eine Sägereihalle, eine Maschinenwerkstätte, eine

Messermacherei, eine Pappfüller- und Zelluloidfüllerabteilung gebaut. Eine erfolgreiche Geschäftstätigkeit auf internationaler Basis, mit Filialen in Schweden und Italien, kennzeichnet die 20er und 30er Jahre. Großen Anteil an der Entwicklung hatte Eugen Winkle, der ständig neuartige Bearbeitungstechniken und auch neue Maschinen für Spezialfabrikationen erfand. In den Kriegsjahren blieb man vor Bombenangriffen verschont, doch wurde das Unternehmen durch einen Brand im Mai 1940 in große Mitleidenschaft gezogen. Nach dem Zweiten Weltkrieg konnte Armin Winkle im Jahr 1948 den Betrieb wieder übernehmen, der zuvor auf Geheiß der amerikanischen Militärregierung von wechselnden Treuhändern geführt worden war.
Die immer stärkere Mechanisierung der Schuhfertigung brachte zum Ende der 50er Jahre die Umstellung vom Rohstoff Holz auf den Rohstoff Kunststoff mit sich. Neben Leisten wurden nun auch Absätze und Sohlen aus Kunststoff produziert. Bis zum Anfang der 70er Jahre konnte »Brüder Winkle« umfangreiches Know-how in der Kunststoffverarbeitung sammeln und dieses Wissen in den Aufbau einer weiteren Produktsparte einbringen. So entstand das zweite Standbein des Unternehmens, die Herstellung von technischen Kunststoffteilen im Spritzgussverfahren.
Heute ist die Brüder Winkle GmbH & Co. KG in Altenstadt ein mittelständisches Unternehmen mit rund 140 Mitarbeitern. Neben einem Filialbetrieb in Pirmasens/Pfalz und einer 100-prozentigen Tochtergesellschaft in Österreich bestehen Kooperationen und Partnerschaften mit mehreren ausländischen Unternehmen.

Neu-Ulmer Entwicklung

Ab 1844 entstand auf der rechten, bayerischen Donauseite die Neu-Ulmer Anlage der Bundesfestung Ulm, die der im Jahr 1811 entstandenen Siedlung einen starken Entwicklungsschub brachte. 1869 wurde der befestige Garnisonsplatz zur Stadt erhoben. Die Garnison mit durchschnittlich 2500 Mann brachte in wirtschaftlicher Hinsicht eine gewisse Einseitigkeit mit sich, zu sehr waren Einzelhandel und Handwerk auf die Garnison als Kundschaft und Abnehmer ausgerichtet und angewiesen. Leistungsfähige Industriebetriebe waren nur vereinzelt vorhanden. Die Stadt war gleich von zwei Seiten in ihren räumlichen Möglichkeiten eingeengt: Von der württembergischen Seite durch Ulmer Besitz in der Stadt und im Umland, auf der bayerischen durch die Festung und ihr Vorgelände, das strengen militärischen Bebauungsvorschriften unterlag. Erst im Jahr 1906, sechs Jahre später als Ulm, konnte die Stadt das ehemalige Festungsgelände erwerben und noch im gleichen Jahr mit der Niederlegung der Anlagen und Wälle beginnen. Im Osten der Stadt wurde nun für die Ansiedlung von »echten« Industriebetrieben ein großes, zusammenhängendes Industriegebiet ausgewiesen, zu dessen Erschließung ein auf Kosten der Stadt angelegtes Industriegleis diente. Diese überlegte Planung, die vor allem dem rührigen und weitsichtig agierenden Neu-Ulmer Bürgermeister Josef Kollmann zu verdanken war, zog im Lauf der folgenden Jahre zahlreiche Unternehmen nach Neu-Ulm.

Alles im Rahmen

Ein kleiner Teil der Fabriken befand sich in der Innenstadt und konnte zumeist schon auf ein längeres Bestehen zurückblicken. Ein Beispiel hierfür ist die Goldleistenfabrik Aicham, der älteste, heute noch bestehende Industriebetrieb Neu-Ulms. Er wurde im Jahr 1868 von Frieder Aicham gegründet. Zuerst arbeitete er in gemieteten Räumen in einem Rückgebäude an der Augsburger Straße, im Jahr 1871 ließ er einen Fabrikneubau in der Kasernstraße erstellen. Von 1878 an, als sein Bruder Max Aicham als Teilhaber in die Firma eintrat, firmierte das Unternehmen mit »Gebrüder Aicham«. Der Betrieb florierte und ermöglichte 1897 den Neubau eines vierstöckigen Fabrikgebäudes. An der Reuttier Straße entstand im Jahr 1919 auf rund 8000 qm eine Kehlleistenfabrik, die im Zweiten Weltkrieg – ebenso wie der Betrieb in der Kasernstraße – total zerstört wurde. Mit 30 Mitarbeitern begann der erfolgreiche Wiederaufbau. Im Jahr 1950 konnte ein neues Bürogebäude in Betrieb genommen werden, eine zweigeschossige Vergolderei wurde drei Jahre später gebaut. Zum 100-jährigen Firmenjubiläum arbeiteten an sieben Standorten in Deutschland bereits 230 Beschäftigte. Im Jahr 1975 fiel der Startschuss für den Bau des neuen Werks I in der Leibnizstraße, dessen Erweiterung im Jahr 1989 beschlossen wurde. Zwei Jahre darauf erfolgte die Inbetriebnahme einer neuen Holzbearbeitungsanlage.

Heute ist es Hans Aicham-Bomhard, der das Unternehmen in der vierten Generation in Neu-Ulm führt. Aus dem Rückgebäude in der Augsburger Straße ist ein 25 000 Quadratmeter großer, moderner Betrieb entstanden, eine der größten und erfolgreichsten Bilderleisten- und Rahmenfabriken. 200 Mitarbeiter sind in Produktion und Verwaltung beschäftigt und sorgen dafür, dass anderthalb Millionen Meter Bilderleisten Jahr für Jahr die Werkstore verlassen.

Erfindergeist

Ebenfalls in Familienhand blieb die Firma Wilhelm Mayer in Neu-Ulm, die im Jahr 2001 ihr 100-jähriges Bestehen feierte. Begonnen hatte alles in der Wallstraße. Im Alter von 23 Jahren wollte der Maschinenschlosser Wilhelm Mayer auf eigenen Beinen stehen. In seinem bescheidenen Betrieb reparierte und vertrieb er Landmaschinen. Doch der Erfindergeist trieb ihn um. Bald wurden Eigenprodukte wie Kartoffelwäscher, Jauchepumpen, Wasserräder und sogar schwere Bandsägen verkauft. Die Räumlichkeiten waren schnell zu eng, nach einem »Zwischenstopp« in der Maximilianstraße folgte bereits wenige Jahre später der Umzug in die Industriestraße. Nun fertigte man auch Dreschmaschinen, Kleereiber, Landmaschinen und komplette Mostereien. Das Paradestück des Tüftlers war jedoch das 1928 konstruierte »Stahlpferd«, die erste selbstfahrende Universal-Landmaschine, die sich zudem auch der »kleine Landwirt« leisten konnte.

Der Ausbruch des Krieges brachte für das Unternehmen eine schwere Zeit. Der Landmaschinenhandel musste eingestellt werden, 1945 lagen die Produktions- und Gewerbeanlagen in Schutt und Asche. Nach dem Wiederaufbau konzentrierte sich die Firma auf einen groß angelegten Handel mit Schleppern und Landmaschinen. Die Ernährung der Bevölkerung erhielt in den Nachkriegsjahren uneingeschränkte Priorität. Dadurch

benötigten die Bauern der Region alle Arten von Landmaschinen und -geräten. Das Verkaufsprogramm wurde ständig erweitert. Im Jahr 1954 übernahm Wilhelm Mayer die Unimog-Generalvertretung der Firma Daimler Benz. Eine geradezu stürmische Geschäftsentwicklung machte eine Erweiterung des Betriebsgeländes um nahezu 20 000 Quadratmeter nötig. Innerhalb weniger Jahre wurden neue Hallen errichtet und ein Ersatzteillager eingerichtet. Im Jahr 1967 war die Firma Wilhelm Mayer der größte Landmaschinenhändler Deutschlands. Mit dem damals weltgrößten Schlepperproduzenten International Harvester Company, dem vormaligen McCormick und heutigen Gase IHC, bestand eine Exklusivpartnerschaft.
Der Strukturwandel in der Wirtschaft ab Mitte der 70er Jahre mit dem »Sterben« vieler landwirtschaftlicher Unternehmen, besonders im süddeutschen Raum, signalisierte jedoch die Notwendigkeit zu Veränderungen. Gerhard Mayer, seit 1979 Geschäftsführer in dritter Generation, entwickelte deshalb den Landmaschinengroßhandel konsequent zu einem Serviceunternehmen weiter. Im Jahr 1980 entstand ein zweites Standbein: Die Unimog-Generalvertretung wurde in die eigenständige Firma Wilhelm Mayer Nutzfahrzeuge überführt.
Zum 100-jährigen Firmenjubiläum im Jahr 2001 präsentiert sich das Familienunternehmen als ein Betrieb von internationalem Rang. Es gehört mit mehreren hundert Fachhändlern, mit über 1 Million Ersatzteilen und über 60 000 Quadratmetern Gewerbefläche zu den drei größten Fachgroßhändlern für Landtechnik bundesweit und zu den fünf ersten in Europa.

Weitere »Pioniere«

Weitere herausragende Firmengründungen in Neu-Ulm sind in der Zeit vor dem Zweiten Weltkrieg zu verzeichnen: Im Jahr 1879 hatte sich Heinrich Honold in Ulm mit einem Rollfuhrunternehmen selbstständig gemacht, das 1901 in die Neu-Ulmer Schützenstraße umgezogen war. Die Honold Logistik Gruppe wird heute in der fünften Generation in Familienbesitz geführt und beschäftigt an 22 europäischen Standorten über 800 Mitarbeiter.
Auch die von Max Weiss im Jahr 1925 gegründete Lebkuchenfabrik besteht heute noch. 1965 übernahm das Unternehmen die Nürnberger Firma Wolff. In Neu-Ulm/Schwaighofen erwarb Weiss im Jahr 1976 ein Grundstück zur weiteren Expansion. Von 1980 bis 1991 entstanden dort auf 42 000 Quadratmetern ein Verwaltungsbau, ein Zentrallager und eine hochmoderne Back- und Verpackungsstraße. Bis zur Auslagerung in den Jahren 1997/98 war zusätzlich auch noch in der Stadtmitte Neu-Ulm produziert worden. Nun wurde eine weitere moderne leistungsfähige Backstraße in Schwaighofen in Betrieb genommen. Seit 1994 gehört die Max Weiss GmbH u. Co. zur Aachener Firma Lambert GmbH & Co. KG. In Neu-Ulm und Nürnberg sind derzeit rund 600 Mitarbeiter tätig.
Zu den weltweit führenden Lieferanten von Maschinen und Anlagen für die Ziegel-, Baukeramik- und Feuerfest-Industrie zählt die Firma Hans Lingl Anlagenbau und Verfahrenstechnik GmbH & Co. KG, deren Gründung in Neu-Ulm ins Jahr 1938 datiert. In seinen Werken und produzierenden Tochtergesellschaften im In- und Ausland beschäftigt Lingl heute rund 1200 Mitarbeiter.

Im Landkreis Neu-Ulm spielte zunehmend die industrielle Kiesgewinnung im Iller- und Donautal eine Rolle. Die Firma Georg Kässbohrer & Sohn, Alpines Hartschotterwerk, ließ sich 1928 in Senden beim Bahnhof nieder, in Nachbarschaft zum Sägewerk G. Gagstätter, das bereits seit 1890 in Senden seinen Sitz hatte und sämtliche Elektrizitätswerke in nah und fern zu seiner Kundschaft zählte. Bis nach Frankreich und Italien wurden die imprägnierten Holzmasten und Schnittwaren aus Senden geliefert.
Wie viele Industriebetriebe vor dem Zweiten Weltkrieg insgesamt im Landkreis Neu-Ulm ansässig waren, lässt sich heute nur schwer ermitteln, da entsprechendes urkundliches Material den Bomben zum Opfer fiel. In einer im Jahr 1950 in der Neu-Ulmer Zeitung erschienenen Artikelfolge mit dem Titel »Neu-Ulm im Spiegel eines halben Jahrhunderts« berichtet der Autor Karl Schwaiger über eine Zusammenstellung vom 31. Dezember 1949. Aus ihr geht hervor, dass sich in der Stadt Neu-Ulm zu diesem Zeitpunkt 68 industrielle Unternehmungen befanden, darunter 50 Betriebe der Groß- und 18 der Kleinindustrie. 20 dieser Firmen ließen sich erst nach 1945 in Neu-Ulm nieder.

Der Wiederaufbau

Die Kriegsjahre hatte die Neu-Ulmer Wirtschaft hart getroffen: Die Stadt war genau wie Ulm im Zweiten Weltkrieg schwer getroffen und zu 70 Prozent zerstört worden. Doch den Neu-Ulmern blieb ein Kapital an erschlossenem Industriegelände in Form von ehemaligen Wehrmachtsanlagen erhalten, das einen starken Aufschwung der Stadt in den nächsten Jahren ermöglichte. Unmittelbar nach dem Krieg hatten sich auf dem Areal des ehemaligen Heereszeugamtes die Firmen Götz, Oesterle, Lindes, Römer, Neu-Ulmer Baustoffe, Casala, Konzelmann, Gruschwitz und Mayer's Söhne angesiedelt. Im Gebiet des vormaligen Ersatzverpflegungsamts ließen sich die Firmen Grosse, Reisella, Südwest-Chemie und Held nieder. Auch das eigentliche städtische Industriegebiet – zwischen Reuttier Straße und Bahnlinie mit Starkfeld und Industriestraße – war den Bomben zum Opfer gefallen. Hier bauten nun alteingesessene Unternehmen wieder ihre Betriebsstätten auf, darunter Bavaria-Hilber, Griesinger, Reisser, Böck, Mutschler, Käse-Union, Stadler, Strasser, Kässbohrer – seit 1937 mit einem Holzlager in Neu-Ulm vertreten – und die Deutsche Wollverwertung. Auch andere Firmen, die bisher im Stadtgebiet ansässig und dort im Krieg zerstört worden waren, fanden hier neue Räumlichkeiten, so die Firmen Honold, Daimler-Benz, Welte, Trucksäss, Mutschler (mit einem Erweiterungsbau), Reiner, BayWa, Römer, Th. Maier, Walter und Künzli, Pettrich, Salzer, Schmied & Kleinberg sowie Cauda, ein Zweigbetrieb von C & A Brenninkmeyer.
Die industrielle Weiterentwicklung im gesamten Landkreis wurde nicht zuletzt auch durch den Zustrom vieler neuer Arbeitskräfte gefördert. 1945 waren viele Heimatvertriebene – die Mehrzahl aus dem Sudetenland – in nahezu alle Orte des Kreisgebiets gezogen.
Besondere wirtschaftliche Bedeutung in den Nachkriegsjahren erlangte die 1947 durch Erich Rittinghaus gegründete Europa-Uhrenfabrik Senden GmbH. Sie begann mit der Fertigung von Reiseweckern und konnte die Zahl der Arbeitskräfte innerhalb vor nur zehn Jahren von 200 auf 1600 erhöhen. 1953 errichtete die Firma zusätzlich eine Leder- und Metallwarenfabrik, im Jahr 1956 erfolgte die Gründung der Wagros-Handelsgesell-

schaft. Zweigwerke entstanden 1963 in Buch, Pfaffenhofen und Tussenhausen sowie 1964 in Pfaffenhausen. Auslieferungslager im europäischen und außereuropäischen Ausland folgten. 1967 wurde die Firma Roman Schuster übernommen und die Maschinenfabrik Senden GmbH gegründet. 1976 waren bei dem Unternehmen 1600 Mitarbeiter und 400 Heimarbeiter tätig. Doch die Erfolgsgeschichte hielt nicht an. Die Konkurrenz auf dem Weltmarkt machte Rationalisierungen und Automation notwendig, die den Lauf der Dinge langfristig nicht aufhalten konnten: 1993 stellte die Firma ihre Fabrikation ein. Die Anlagen wurden von der Kommune zum Gewerbepark Senden umgewandelt.

Im Jahr 1946 gründete Karl Konzelmann in Neu-Ulm sein Unternehmen, das sich zunächst als Zulieferer für Stahlwerke und Gießereien betätigte. Im Jahr 1954 erweiterte das Unternehmen seine Aktivitäten und produzierte nun auch Kupfer- und Aluminiumgusslegierungen. Die Firma nahm einen kontinuierlichen Aufschwung. Im Jahr 1980 erfolgte die Auslagerung der Produktion von Kupfergusslegierungen in das neu gegründete Metallschmelzwerk Ulm GmbH. Durch die Übernahme der französischen Nord Affinage S. A. weitete die Unternehmensgruppe ihre Aktivitäten auf europäische Dimensionen aus. Als unabhängiges und in der dritten Generation inhabergeführtes Unternehmen nimmt die Karl Konzelmann GmbH mit einer Produktionskapazität von über 70.000 Tonnen Aluminiumgusslegierungen heute eine Spitzenstellung in Europa ein.

Aus der Ulmer Schraubenfabrik Constantin Rauch entstand die nachmalige Hydromatik GmbH in Elchingen. Die Werksanlagen des Ulmer Unternehmens wurden im Krieg vollständig zerstört. Mit der Währungsreform wurde die Unternehmensorganisation geändert: Die Ulmer Schraubenfabrik Constantin Rauch war nur mehr Vertriebsgesellschaft, produziert wurde im Metallwerk Glockerau. Im Jahr 1951 kam der Firmeninhaber in Kontakt mit dem Karlsruher Hochschulprofessor Dr. Hans Thoma, dem Inhaber grundlegender Patente für Axialkolbenpumpen und -motoren. Er erwarb die Lizenzrechte und begann die Produktion im neu geschaffenen Werk Oberelchingen sowie in seinem Pforzheimer Betrieb. 1969 galt das inzwischen als Constantin Rauch KG firmierende Unternehmen als der größte Erzeuger Europas auf dem Gebiet der Hochdruck-Axialkolbenpumpen. Die Firma Mannesmann AG, Düsseldorf, beteiligte sich zu diesem Zeitpunkt mit 50 Prozent und nutzte 1972 die Möglichkeit, das gesamte Unternehmen Rauch zu erwerben. Am 9. 12. 1971 wurde die Hydromatik GmbH ins Leben gerufen. Mannesmann hatte sich entschlossen, seinen Kooperationspartner, die Lohrer Firma G. L. Rexroth GmbH, mit 50 Prozent am Gesellschaftskapital zu beteiligen. Heute ist Brueninghaus Hydromatik eine Gesellschaft der im Mai 2001 neu entstandenen Bosch Rexroth AG und führend in der Entwicklung, der Fertigung und dem Vertrieb von Axialkolbenmaschinen für die hydrostatische Antriebshydraulik. Mit weltweit über 3.000 Mitarbeitern produziert Brueninghaus Hydromatik 533.000 Einheiten. Neben den Stammwerken in Elchingen bei Ulm und in Horb am Neckar befinden sich auch Produktionsstätten in Fountain Inn, SC, USA, sowie in Tsuchiura nahe Tokio, Japan.

Von Berlin in den Landkreis Neu-Ulm

Im ehemaligen Pionierübungsplatz im Steinhäule in Neu-Ulm/Offenhausen erhielt die Firma Reinz-Dichtungs-GmbH ab 1947 eine neue Bleibe. 1920 in Berlin-Charlottenburg von Hugo Reinz gegründet, hatte nach dessen Tod der Industrielle Rudolf Rzehulka das Unternehmen übernommen und nach Neu-Ulm verlagert. 1965 zeichnete der Deutsche Erfinderverband Rzehulka mit der goldenen Dieselmedaille für seine großen Leistungen um die wissenschaftliche Forschung und Entwicklung auf dem Gebiet der Dichtungstechnik aus. Als eigenständiges Unternehmen wurde die Reinz-Dichtungs-GmbH 1993 Mitglied des amerikanischen DANA-Konzerns. Gemeinsam mit einer DANA-Firmengruppe, die sich auf Dichtungstechnologie spezialisiert hat, ist Victor Reinz seither weltweit der größte Hersteller von Flachdichtungen. Im Jahr 1999 startete das Unternehmen zudem in einer neu erbauten Fabrikationshalle in Neu-Ulm mit der Produktion von modularen Kunststoffsystemen und ProTeC-Abschirmteilen. Victor Reinz ist heute Entwicklungs- und Lieferpartner namhafter Unternehmen der Automobil- und Industrietechnik. Ständige Innovationen kennzeichnen die Firmengeschichte. Jüngstes »Kind« ist im Jahr 2001 die Entwicklung der ersten »intelligenten« Zylinderkopfdichtungen mit integrierten Temperatursensoren, die die Steuergrößen für das Wärmemanagement neuer Motorkonzepte liefern.

Auch ein anderes Unternehmen, dessen Werk in Berlin-Grünau dem Krieg zum Opfer fiel, wagte den Wiederaufbau im Landkreis Neu-Ulm: Die 1884 gegründete »Fabrik Grünau AG« startete 1945 in Illertissen mit einer »Verwertungsgesellschaft für Chemikalien«. Mit einer Lizenz auf eine Reihe von Patenten hatte der ehemalige kaufmännische Leiter der textilchemischen Abteilung des Unternehmens, Robert Hansen, die Herstellung von Eiweißprodukten aufgenommen. Er genoss Gastrecht auf dem Gelände der Pharmafabrik Heinrich Mack Nachfolger und konnte die Produktion stetig ausweiten. Schon 1921 hatte eine Mehrheitsbeteiligung durch die Degussa bestanden, eine Wiedereingliederung des Werks in die Degussa AG erfolgte 1946. 1986 wurde die »Chemische Fabrik Grünau GmbH« ein Unternehmen der Henkel-Gruppe. Seit 1995 heißt der Betrieb »Grünau Illertissen GmbH«. Das Firmengelände, umfasst eine Gesamtfläche von 230 000 Quadratmetern. Rund 450 Mitarbeiter sind hier in den Sparten Nahrungsmitteltechnologie, Proteintechnologie und Feuerschutz tätig.

Unternehmerpersönlichkeiten

Die wirtschaftliche Entwicklung im Landkreis Neu-Ulm war auch in den Jahren nach dem Wiederaufbau von starken Unternehmerpersönlichkeiten geprägt. Als Beispiel sei hier August Inhofer genannt, der 1957 zusammen mit seinem Bruder Karl die väterliche Schreinerei in Wullenstetten übernahm und ausbaute. Bald arbeitete man mit den ersten Möbelhäusern zusammen und fertigte Kinderzimmer in Serie. Die positive Geschäftsentwicklung veranlasste August Inhofer zu völlig Neuem: Er plante einen Abholmarkt für Möbel auf der »grünen Wiese«, im Jahr 1965 ein wahrlich kühnes Vorhaben. Schließlich wurde das Projekt in Witzighausen verwirklicht. Seit Ende der 50er Jahre betätigten sich die Brüder auch auf dem Wohnbaumarkt. Das Möbelgeschäft expandierte ständig weiter, im Jahr 1976 schließlich wurde in der jungen Stadt Senden

ein 16000 Quadratmeter großes Möbelhaus gebaut, das seither ständig vergrößert wurde. Das Einrichtungshaus umfasst heute über 60 verschiedene Fachabteilungen. Im Mitnahmemarkt »Mega In« sind über 500.000 Artikel bevorratet. Jüngstes Projekt ist das Möbelhaus »Interni«, das 2001 eröffnet wurde und hochwertige Möbelprogramme bedeutender Designer und Hersteller führt.
Mit zwölf Mitarbeitern und einer 900 Quadratmeter großen Halle startete der gelernte Schreiner und Holztechnik-Ingenieur Artur Schwörer im Jahr 1969 seinen Betrieb in Weißenhorn. Heute ist PERI dort der größte Arbeitgeber. Insgesamt sind rund 2.900 Beschäftigte weltweit in 35 Tochtergesellschaften für das Unternehmen tätig. Damit ist PERI der global größte Produzent und Anbieter von Schalungs- und Gerüsttechnik am Bau. Von Anfang an wollte Schwörer die Schalungsarbeit schneller und sicherer gestalten. Mit zum Teil bahnbrechenden Erfindungen machte sich PERI rasch einen Namen in der Branche. Das Produktprogramm umfasst heute rund 4000 Artikel, von der klassischen Abstützung bis hin zum High-Tech-Selbstklettersystem. Die Unternehmensgruppe stellt sich zudem mit Dienstleistungen für den Schalungsbau, mit Service, Logistik und eigener Baustellenbetreuung dem starken Wandel in der Baubranche. Auch die Gerüstproduktion mit modernsten Methoden wurde inzwischen beachtlich ausgebaut. Im Werk Weißenhorn stehen 255000 Quadratmeter Betriebsfläche zur Verfügung. Auf einer Fläche von 45000 Quadratmetern wurde im Herbst 2000 ein neues Logistikzentrum mit Hochregallager in Betrieb genommen.
Die Produktion von Hochdruckreinigern, Handkehrmaschinen und Industriestaubsaugern ist die Domäne des Unternehmens Kränzle, das im Jahr 1974 von Josef Kränzle in Illertissen gegründet wurde. Von Beginn an legte er großen Wert auf ein hohes Qualitätsniveau seiner Produkte. Durch die konsequente Umsetzung dieses Gedankens, durch ständige Neuentwicklungen mit zahlreichen Patenten sowie durch eine durchdachte und erfolgreiche Modellpflege gelang es dem Unternehmen, eine führende Marktposition zu erreichen. Kränzle ist heute weltweit etabliert. Die Kränzle-Vertriebs-GmbH mit Sitz in Bielefeld ist mit eigenen Niederlassungen und Partnern auf allen Kontinenten vertreten.
Auch die Biotechnologie hat inzwischen Einzug im Landkreis Neu-Ulm gehalten. Im Jahr 2000 bezog die M&B Sprossen und Keimlinge GmbH eine neugebaute Sprossenproduktionsanlage in Altenstadt. Die Idee, aus Saatgut hochwertige Sprossen zu produzieren, stammt ursprünglich aus Kanada. Aus ersten Versuchen in Friedhofsgärtnerei im Jahr 1985 ging 1987 ein Spezialbetrieb für die Produktion von Sprossen und Keimlingen hervor. 1998 wurde er durch die Dres. Frieder Mauch und Alfred Breunig übernommen, die gleichzeitig die M&B Sprossen und Keimlinge GmbH gründeten. Inzwischen kommen nicht nur Verbraucher in Deutschland, sondern auch in Österreich und Norditalien in den Genuss der vitaminreichen Sprossen aus Altenstadt.
Ungewöhnlicher Erfindungsgeist ist im Landkreis Neu-Ulm nicht ausgestorben. Ein Beispiel hierfür liefert Physiker Hubert Walter, der zusammen mit seinen Mitarbeitern der Firma »B&W-Engineering« in Neu-Ulm an einem neuen Küchenofen für die Flugzeugindustrie tüftelt. Die Erhitzung der Speisen funktioniert nicht auf Mikrowellen-Basis, sondern auf einem neu entwickelten Mittelfrequenz-Induktionsverfahren. Bei schnellerer und besserer Erwärmung wird auch noch Energie eingespart. Eine Testphase im neuen Airbus A340–600 wird demnächst anlaufen. Das junge Unternehmen kann auf namhafte Partner wie den Luftfahrtkonzern EADS, die Trumpf Gruppe, die Hüttin-

ger Elektronik oder die renommierte Fraunhofer Gesellschaft verweisen. Darüber hinaus wird es zu einem Teil vom Bundesministerium für Wirtschaft und Technologie BMWi in seiner Forschungsarbeit gefördert.
Auch Deutschlands modernstes Zentrum für neue Medien entsteht derzeit in Neu-Ulm: Der renommierte Büroimmobilien-Entwickler HOCHTIEF Projektentwicklung baut hier auf dem Wiley-Gelände das **edison**center, ein zukunftsorientiertes IT- und Dienstleistungszentrum. Das innovative Konzept ist die ideale Ergänzung zum 1997 eröffneten Gründerzentrum und sieht für die Nutzer sämtliche Möglichkeiten der modernen Telekommunikation wie Internet, weltweite Datenleitungen und Telearbeitsplätze vor. Und dies mit absoluter Hochgeschwindigkeit. Die Arbeitsplätze im **edison**center werden mit einem Datennetz verknüpft, das 1500 mal schneller als ISDN ist. So entstehen völlig neue Anwendungen und Business-Entwicklungen.
Durch die Einbindung in die Innovationsregion Ulm, durch die Möglichkeit der Zusammenarbeit mit den Instituten und Forschungseinrichtungen der Wissenschaftsstadt Ulm, der Fachhochschule Neu-Ulm sowie der Universität und Fachhochschule in Ulm, durch den Aufbau regionaler Netzwerke und eine geschickte Gewerbepolitik kann die Wirtschaft im Landkreis Neu-Ulm profitieren und weiter prosperieren – ein günstiges Klima für zukünftige Unternehmergenerationen.

Amann, Josef: Wachstumspol in Bayerisch-Schwaben, in: Landkreis Neu-Ulm, Kunstverlag Josef Bühn, München, 1985

Baumhauer, Hermann: Wieland – Geschichte einer Arbeitsheimat, Wieland-Werke AG, Ulm, 1991

Feist, Achim: Die Wirtschaft des Landkreises Neu-Ulm, in: Landkreis Neu-Ulm, Kunstverlag Josef Bühn, München, 1985

Fischer, Viktoria: Chronik der Firma G.L. REXROTH GmbH in Lohr am Main ab dem Jahre 1960 bis 31.12.1975, Band II, Lohr, 1981

Gaiser, H., Matzke, J., Rieber, A., Benz, A.: Kleine Kreisbeschreibung Neu-Ulm, Stadt und Landkreis, 2. erweiterte Auflage, Verband für Kreisbeschreibungen, Neu-Ulm, 1964

Holl, Joseph: Geschichte der Stadt Weißenhorn, Neudruck nach der Ausgabe von 1904, Anton H. Konrad Verlag, Weißenhorn, 1983

Konrad, Anton H.: Auer Persönlichkeiten, Karl August Forster 1899–1984, in: Au an der Iller, Ein Dorf im Wandel der Zeiten, Anton H. Konrad Verlag, Weißenhorn, 1987

Lang, Rudolf: Von Menschen und Maschinen – Textilindustrie im Unteren Illertal, in: Die Iller, Geschichten am Wasser von Noth und Kraft, Otto Kettemann, Ursula Winkler (Hrsg.), 2. erweiterte Auflage, Kornburg-Illerbeuren 2000

Richter, Hans Dieter: Vom Eisenbahnbau zur Industrialisierung, in: Senden – Beiträge zur Geschichte einer jungen Stadt im Illertal, Anton H. Konrad Verlag, Weißenhorn, 1976

Richter, Hans Dieter; Konrad, Anton H.: Betriebe und Branchen, in: Senden – Beiträge zur Geschichte einer jungen Stadt im Illertal, Anton H. Konrad Verlag, Weißenhorn, 1976

Schaller, Peter: Die Industrialisierung der Stadt Ulm zwischen 1828/34 und 1875: eine wirtschafts- und sozialgeschichtliche Studie über die »zweite Stadt« in Württemberg, Kohlhammer, Stuttgart, 1998

Schwaiger, Karl: »Neu-Ulm im Spiegel eines halben Jahrhunderts. Vom militärischen Brückenkopf auf dem rechten Donauufer zur wirtschaftlichen und industriellen Blüte – Grenzlage und Nachbarschaft Ulms bedingen besonders zielklare Planung – Eine Rückschau von 1900–1950«, in: Neu-Ulmer Zeitung, Nr. 96 vom 11.8.1950 und Nr. 120 vom 6.10.1950

Spinnerei und Weberei Pfersee AG: 1881–1981, Die ersten hundert Jahre unserer Firmengeschichte, Augsburg, 1981

Stadt Neu-Ulm: RathAusblick 2000, Hrsg. Stadt Neu-Ulm, Oberbürgermeisterin Dr. Beate Merk, Neu-Ulm, 2000, S. 24

Statistisches Jahrbuch für Bayern 2000; Bayer. Landesamt für Statistik und Datenverarbeitung

SÜDWEST PRESSE: 1945–1974, Entwicklung der Industrie in Neu-Ulm, Dokumentation, 1974 (keine Autorennennung)

Zenetti, Ferdinand: Neu-Ulm von den Anfangen bis 1918, in: Stadt Neu-Ulm, 1869–1994
Texte und Bilder zur Geschichte, aus der Reihe: Dokumentationen des Stadtarchivs Neu-Ulm, Band 6, Neu-Ulm, 1994

Firmenbroschüre:
Mayer Landtechnik 1901–2001, Firma Wilhelm Mayer, Neu-Ulm, 2001

Internetquellen:
http://www.aicham.de/chronik.htm
http://www.brueder-winkle
http://www.bru-hyd
http://www.edisoncenter.de
http://www.gruenau-illertissen.de
http://www.honold.net
http://www.konzelmann.com/kk/unternehmen.shtml
http://www.kraenzle.com/seiten/firma.html
http://www.lingl.com
http://www.moebel-inhofer.de
http://www.reinz.de/de/index.htm
http://www.weiss-lebkuchen.de
http://www.wiley-online.de/

1 Lichterserenade auf der Donau. Ein sommerlicher Höhepunkt läßt die Donau für beide Schwesterstädte Ulm und Neu-Ulm zum gemeinsamen »Festsaal« werden. Im Umkreis des »Nabada«, dem Wasserfestzug am Ulmer Schwörmontag, dem ersten Montag im August, wird die Donau auch Schauplatz dieser Lichterserenade

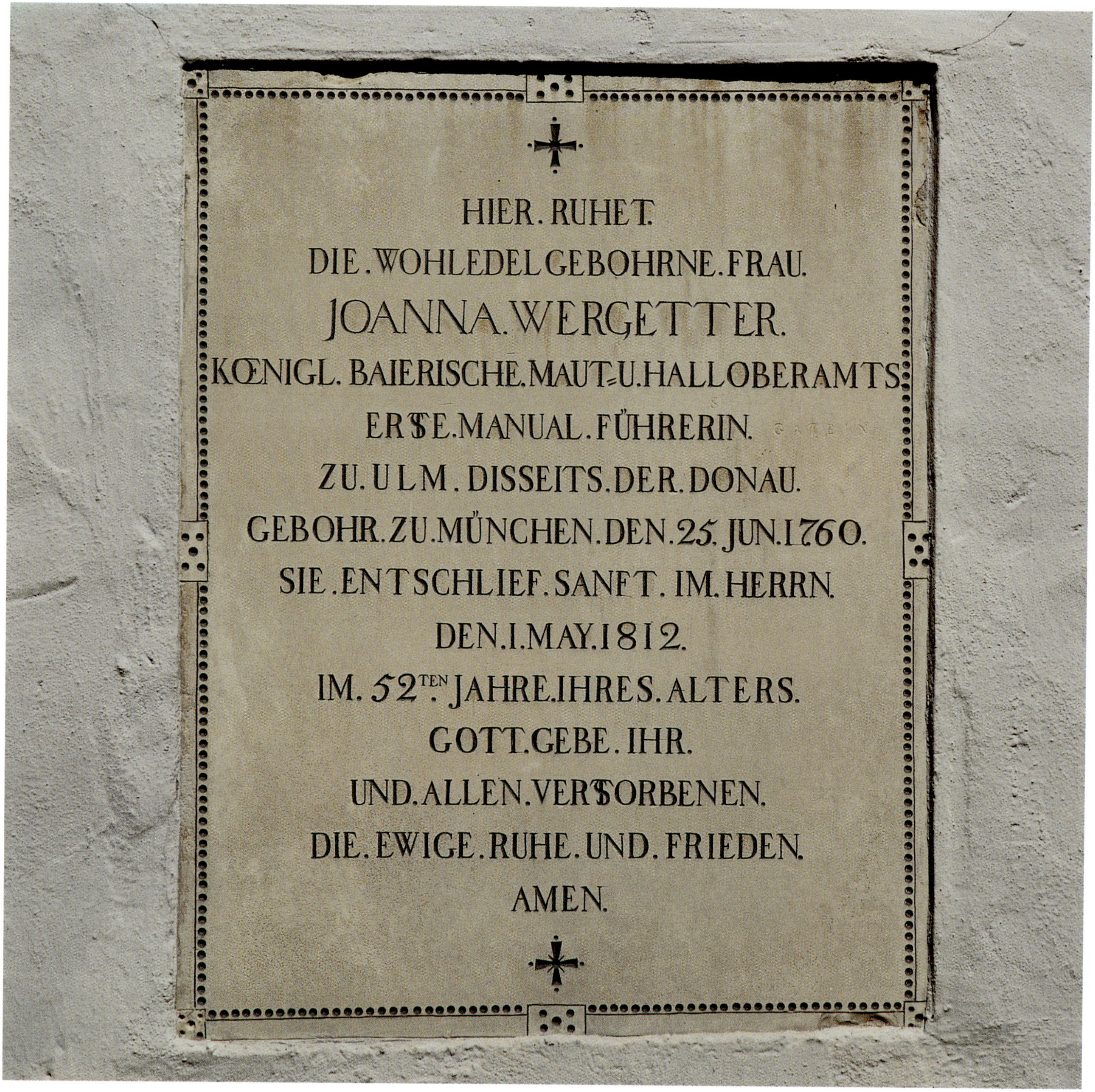

2 Aus den Anfängen der heutigen Stadt Neu-Ulm, als die ersten Häuser auf der Insel und auf der Donausüdseite noch »Ulm diesseits der Donau« hießen: Grabplatte auf dem einstigen Neu-Ulmer Friedhof in Burlafingen. Hier liegt die erste Buchhalterin des Kgl. Bayer. Hauptzollamts, eine wackere Frau, die ohne Emanzipation ihren Mann stellte

3 Die Vohlenhütte, welche gewöhnlich die Gurrenhütte heißt, so im Jahre 1786 der Historiograph Johann Herkules Haid über den auf Neu-Ulmer Markung gelegenen Gurrenhof der Reichsstadt Ulm. Seit 1930 im Besitz der Familie Landwehr, dient der heute älteste Teil noch als Pferdestall

Lichtwerbung

Vorhergehende Seite

4/5 Blick flußaufwärts auf das Neu-Ulmer Donauufer, von der Gänstorbrücke bis zum Schwal mit dem von Edwin Scharff gestalteten Denkmal. Auf Ulmer Seite oben der Dreifaltigkeitshof mit der ehem. Dreifaltigkeitskirche. Am Horizont oben links das mächtige Dach der einstigen Benediktinerklosterkirche Wiblingen

6 Am Memminger Tor, 1849 fast vollendet, ist die einstige Festung Neu-Ulm unverändert erhalten geblieben. Der Bundestag des Deutschen Bundes in Frankfurt hatte 1841 den Bau der gemeinsamen Bundesfestung Ulm/Neu-Ulm beschlossen und bis 1857 ausgeführt

7 Kath. Stadtpfarrkirche St. Johann Baptist in Neu-Ulm, ein Umbau von 1922/27, der einem Neubau gleichkam: Dominikus Böhms eindrucksvolles Werk moderner Sakralbaukunst

8 Zu den herausfordernden Bauaufgaben unserer Zeit gehören Parkhäuser. Besonders geglückt als architektorisches Objekt das Parkhaus in der Neu-Ulmer Bahnhofstraße, errichtet von den Ulmer Architekten Hochstrasser & Bleiker

9 Taufkapelle in der Neu-Ulmer Stadtpfarrkirche St. Johann Baptist, ein eindrucksvolles Werk der gotisierend-expressionistischen Architektur Dominikus Böhms (1922–1927), nach 1945 bis 1951 von Böhm wiederaufgebaut)

10 Anna Maria Kleinknecht († 1726). Der Ulmer Bildhauer Christian Friedrich Braun schuf in warmfarbenem Sandstein diese einfühlsame Darstellung der im Wochenbett mit ihrem Kind verstorbenen Pfarrersfrau aus Pfuhl

11 Im Zuge der Sanierung des Neu-Ulmer Stadtteils Vorfeld, der in den 1950er Jahren mit Wohnsiedlungen für amerikanische Familien bebaut worden war, entstand auch diese anspruchsvolle neue Wohnanlage der Münchner Architekten Fink & Jocher (bezogen 1999)

14 Oberelchingen, Torhaus von 1736. Die Benediktiner auf dem Berg: durch das Klostertor erschloß sich die Benediktinerreichsabtei, bis zu ihrem unrühmlichen Abbruch nach 1802. Der Bau mit seinem gestuften Mansarddach ist ein Werk des Klosterbaumeisters Christian Wiedemann, der das »französische« Dach in die Klosterarchitektur einführte

15 Zwischen Alb und Allgäu: vom Albtrauf bei Thalfingen überblickt man nicht nur den als Wohnplatz begehrten Ort mit seiner Rokokokirche sondern auch den Landkreis Neu-Ulm, hier: über den Donauauen Offenhausen, das Neu-Ulmer Industriegebiet und die Hochhäuser von Neu-Ulm/Ludwigsfeld

16 Hinter uralten Burg- und Klostermauern: die einstige Abteikirche von Oberelchingen. Der aus Wollishausen stammende schwäbische Baumeister Joseph Dossenberger formte 1773 die Brandruine zu einer grazilen Rokokokirche mit ausschwingendem Mönchschor und geschweiften Fenster-Dreiergruppen.

17 Die große Wallfahrt Elchingens war und bleibt die von sieben Schwertern durchbohrte Schmerzhafte Muttergottes, deren großes Fest mit dem »Hohen Umgang« begangen wird. Eine wenig bekannte Filiation dieses Gnadenbildes bewahrt die 1760 geweihte kleine Dorfkapelle zur Heiligsten Dreifaltigkeit in Unterfahlheim

18 Unverkennbar Oberelchingen: die wilden und rauhen Gestalten der schwäbischen Fasnet, mit richtigen Holzmasken, heißen hier »Därlesbärbele« (hochdeutsch etwa: Klostertörles-Barbara's)
19 Einst eine Landmarke des reichen Bodenseeklosters Salem am Albtrauf: die Pfarrkirche St. Michael in Unterelchingen, mit mächtigem, fialenbesetztem Turm, heute fast amphitheatralisch umrundet vom Elchinger Kreuz von A 7 / A 8

Folgende Doppelseite → → →
20 Zur Gotik gehört der Spitzbogen und die Fiale: Silberreliquiar mit Kieferreliquie des Hl. Leonhard, um 1500, aus der Leprosenkirche St. Leonhard in Weißenhorn
21 In der evangelischen Pfarrkirche St. Margareta zu Reutti (Stadt Neu-Ulm) hat sich, kongenial zur gotischen Architektur und Ausmalung, der Dreiflügelaltar von Nikolaus Weckmann (1498/1519) erhalten, eine Stiftung der Patrizierfamilie Roth

Der sünden last hie Christüs trägt
Die ihm sein Vatter aüf er legt.
Lüce, 23. Capite.
Vers. 6.
Her Jesü Christ mein Trost vnd frewd,
Samüel
Anna Maria
Dorothea
Anna
1662
Christo wir nachfolge sollen.
Wan wir bi ihm dort leben wöllen
Ich ward aüff dich zü ieder zeit,
Kom wan dü wilt ich bi bereit,
Año 1669 den ersten Jünÿ ist in Gott Seelig verschiden Der Ernhaffte Vnd Vorgeachte H: Hañs Vlrich Vetter
gewester Forstmeister vnd Amptmañ alhier Zu Pfüol 42 Jahr, Welcher mit seiner lieb haußfraw Anna Marstallen
in die 17 Jahr fredlich gehaußet vnd miteinander 13 kinder erzeügt, seines alters 75 Jahr, Der Allmechtige Gott
verleihe im ein fröliche Aufferstehung zum Ewigen Leben amen /

22 Hanns Ulrich Vetter und seine Frau Anna Marstall stifteten als Epitaph ein frommes Bild vom Leiden Christi in die Pfarrkirche St. Ulrich in »Pfuol«. Als Forstmeister und Amtmann repräsentierte er die Hohe Obrigkeit der Reichsstadt Ulm. Die von Hans Stöltzlin, Ulmer Stadtmaler, 1662 gemalte Holztafel zeigt die Familie mit fünf lebenden und acht bereits gestorbenen Kindern, seitlich ihre bürgerlichen Wappen

23 Schloß Reutti mit seinem dicken Turm, dahinter der Fialengiebel der gotischen Kirche. Die Ulmer Handelsherren und Patrizier Roth – ihr Stadtpalast war das später so genannte Bürglensche Haus in Ulm – erbauten es; ihre katholische Linie bewohnte es bis 1801

24 Jedelhausen, ein Weiler über dem Landgraben, am Kleinen Haining (so Joh. Herk. Haid). Mit seiner zugehörigen Verwaltungsgemeinde Hausen wurde es nach Neu-Ulm eingemeindet. Das v. Schadsche Patrizierschlössle ist, wie man sieht, in gute Hände gelangt

25 Die St. Peter- und Paulskirche in Holzheim wurde mit ihrem Besitzer, dem Ulmer Hospital, protestantisch. 1627 sorgte der Landesherr Österreich dafür, daß mit Antoni Schni(t)zler wieder ein katholischer Priester aufzog, der seinen Schäflein diese ehrwürdige Muttergottes stiftete (um 1420, aus der Zeit Hans Multschers, spätere Überarbeitungen)

Antoni Schnitzler · Pf · von · Ren

26 Steinheim, ein ulmisches Dorf »am Riedzaun«, hat seit 1619 ein von Albrecht Schleicher, Ulmer Patrizier, erbautes Schloß, dessen letzte adeligen Besitzer 1870 abgezogen sind. Die aus Italien nach Ulm Ende des 16. Jahrhunderts importierte Sgraffito- und Kratzputzdekoration wurde hier neuerdings als besonders originelles Beispiel teilrestauriert

27 Schäfer Unseld gehört zum bäuerlich geprägten Ort Steinheim als »Urgestein«

28 Auf dem Rosenberg (509 m) liegt der Weiler Marbach. Von hier geht der Blick über Bauernried und Landgraben hinüber nach Finningen mit seiner das weite Ried überragenden Kirche

29 Hoch über dem Finninger Ried thront die Baugruppe Pfarrkirche St. Mammas, Pfarrhof und Pfarrstadel (1768), in jüngster Zeit mit hohem Aufwand dem Verfall entrissen. Der seltene Kirchenpatron geht auf Kloster Reichenau zurück. Seit 1440 war Finningen Besitz der Reichskartause Buxheim bei Memmingen, dessen solide Verwaltung hier dokumentiert ist

32

33

34 Die Stadt Senden erbaute sich dieses Rathaus als zentralen Verwaltungssitz für die Stadtteile Senden, Ay, Aufheim, Wullenstetten, Witzighausen, Hittistetten Architekten Pliml, Schweiker, Kirner, München/Rosenheim, 1982–1985

35 Neben seinem industriellen Großbetrieb Wieland-Werke AG weist die Stadt Vöhringen als Erkennungsmerkmale auch ihre Kirchtürme auf: St. Marien, gotisch, und St. Michael, Neubarock

36 Zum heimatlichen Brauchtum gehört der »Funken«, das Funkenfeuer oder auch »Scheibafuir« genannt, bei dem die Verkörperung des Winters verabschiedet wird (hier: Funken in Senden)

37 Neues Leben blüht aus Alt-Hofstellen: rosengeschmückter Hausgiebel in der Holzheimer Ortsmitte

38 Die Pfarrei St. Martin in Illerberg hatte die im 16. Jahrhundert mächtige Familie Fugger als Patronatsherrn. Der Kirchturm, aufgestockt um ein doppelgeschoßiges Achteck mit welscher Halbkuppel, signalisiert den Wiederaufstieg der Kirche nach dem Tridentinum; der Kirchenbau folgte hundert Jahre später 1688–1694 als Werk von Johann Schmuzer, Baumeister und Stukkator aus Wessobrunn

39 Die Marienkirche von Wullenstetten entstand 1607–1611 neben dem belassenen gotischen Turm als Neubau, nach dem Vorbild der 1590 erbauten Illertisser Kirche, kennzeichnend die Blendarkaden, die auf Pilastern die Fenster umfangen, und das Attikageschoß mit seinen Kreisblenden, das den Chor erhöht, so daß Chor und Langhaus unter einem durchlaufenden First ein dominantes Dach bilden

asthof Krone

42 Die Illertisser Residenz der Freiherrn Vöhlin von Frickenhausen zu Illertissen (bis 1756), seither (kur-)bayerisches Dienstgebäude. Das vordere Schloß (links) mit der ehemals gotischen Schloßkapelle (Rokoko) ist die einstige Burg der Grafen von Kirchberg, das neugebaute Herrenhaus (rechts) als Palast des reichen Handelshauses Vöhlin erhielt seine Gestalt ab 1549

43 Der Illertisser Hochaltar des Christoph Rodt in der Pfarrkirche St. Martin (1590) ist ein prachtvolles Werk aus dem Jahr 1604. Das Detail zeigt das Haupt Gottvaters mit Blick auf den Sohn in der Szene der Krönung Mariens

46 Die Kuratiekirche zum Hl. Johannes dem Täufer in Betlinshausen ist ein Neubau von 1774 des Illertisser Pfarrers Franz Borgias Fischer, vordem Direktor des Münchner Jesuitenkollegs und nach Aufhebung des Ordens (1773) an die Peripherie Bayerns versetzt

47 In die Kirche von Betlinshausen, einem kleinen Marienheiligtum, zog mit dem Neubau 1774 eine Spätrokokoausstattung ein: Die Deckenbilder führte, vielleicht noch nach Entwurf von Franz Martin Kuen, »Carl Conrad Huber« aus. Hauptfresko zu Ehren des Kirchenpatrons Johannes: Salome empfängt das Haupt des Johannes

48
Herrenstetten, Pfarrkirche St. Martin.
In der unscheinbaren kleinsten in der Kette
der Illertaler Martinskirchen hat sich
ein eindrucksvoller Martin (zu Füßen das
Bettlerfigürlein) ulmischer Spätgotik
erhalten

49
Kellmünzer Terrakotta-Christus
in strengen Formen, bärtig und mit bretzel-
artigen Ohren, wohl 8./9. Jahrhundert,
bislang frühestes Dokument
christlicher Kunst im Landkreis
Neu-Ulm. Kopie im Pfarrhaus Kellmünz,
Original derzeit im Diözesanmuseum
St. Afra in Augsburg

52
Dattenhausen, St. Maria Magdalena. Über das Alter des in der Grundform gotischen Kirchleins mit reich gestalteten Friesen an Längswänden und Giebelschrägen gibt es keine Jahreszahlen (16. Jahrhundert)

53
Illereichen, Mariä Himmelfahrt. Grabmal des Gaudenz von Rechberg († 1460), gesetzt von seiner Witwe Margarete von Fronhofen. Der hervorragende Rotmarmor stammt wohl aus einer von Hans Multscher abhängigen Ulmer Bildhauerwerkstatt, das schönste Denkmal der jahrhundertelangen Regierung der Rechberger in der Herrschaft Eichheim

54 Untereichen, St. Peter und Paul. Die Titularheiligen nehmen vor ihrem Martyrium voneinander Abschied. Fresko des gealterten Konrad Huber, Weißenhorn, von 1819
55 Herrenstetten, Pfarrkirche St. Martin, mit schlichtem, mittelalterlichem (?) Turm

56/57 Filzingen, St. Martin. Das uralte Chorturmkirchlein aus romanischer Zeit hat der selbstbewußte Freiherr Ernst von Rechberg zu Kellmünz im Jahre 1594 umgestalten lassen. Die reiche Ausmalung mit Ranken und Blüten, mit Engelsköpfen Rollwerk, Früchtezweigen, mit Heiligendarstellungen und einem Weltgericht am Chorbogen besitzt im Landkreis Neu-Ulm einmaligen Charakter; sie stammt offensichtlich aus einer Memminger Werkstatt (Caspar Sichelbein).
Verborgen im Turm, feiert sich der generöse Ortsherr in einer zusätzlichen Prachtinschrift. An der Nordschiffwand sein Porträt und sein treuer großer Hund.
Der höher geführte Turm ist seither vierstöckig mit reichen Baugliedern der Renaissance

58 Der jüdischen Gemeinde von Illereichen wies die Gräfin Limburg-Styrum im Jahre 1719 einen Friedhof südlich des Ortes an. Hier spiegeln sich Freud und Leid wider einer groß angewachsenen, später durch Abwanderung in die Großstädte geschrumpften Gemeinde bis hin zu ihrem traurigen Ende 1941/42

59 Altenstadt. Eines der jüdischen Häuser mit Mansardsatteldach aus der Zeit um 1800 (Memminger Straße 18). Zu Wohlstand gelangte Handelsleute erbauten sich damals zu beiden Seiten der großen Straße neue, außerhalb des »Eruws« gelegene Anwesen

60 Altenstadt. Anspruchsvolles Mansarddachhaus mit Mittelrisalit, um 1800.
Memminger Straße 29, am nördlichen Ortsende

61 Illereichen, jüdischer Friedhof, seit 1928 ummauert, umgeben vom Waldfrieden

64 Der Pfarrhof zu Osterberg aus dem Jahre 1689 erhielt 1787 (im selben Jahr wie Jedesheim) seine heutige Gestalt als Walmdachbau

65 In der dem Hl. Johannes dem Täufer geweihten Maria-Loreto-Kapelle in Weiler wird an Johanni das »Fest« gefeiert. Mesnerin Barbara Käufler richtet den Altar im Freien

66 Die jüdische Gemeinde in Osterberg war durch Abwanderung schon um 1900 ausgestorben. Im einstigen Judenviertel erinnert dieses Mansarddach-Doppelhaus noch an die mit der Emanzipation zu Wohlstand gekommenen Juden, die um 1800 große Häuser erbauten

67 Sommerliche Landschaft im Eschach bei Weißenhorn, im Hintergrund der Berghof bei Emershofen

68 Obenhausen, Gasthof zur Traube. Durch die dem bayerischen Königshaus ehemals nahestehenden Grafen Moy de Sons erhielt Obenhausen mit Schloß und »Herrschaftsbereich« anspruchsvolle Bauten, die das Ortsbild veränderten. Dazu gehört dieses neobarocke Wirtshaus mit den rustizierten Fensterfaschen in Gelb (Architekt Gabriel Seidl, München, 1905/06)

69 Oberroth, Gasthof und Brauerei Reitinger, laut Inschrift von Joseph und Magdalena Schalk 1802 im Stil des Klassizismus erbaut. Heute führt Maria Reitinger das Hauswesen

70 Aus dem »Badhauser Wald« zwischen Bergenstetten und Dattenhausen ergießt sich der Heilbach. In der Kapelle flossen die Wasser des Bachs aus den fünf Wundmalen des Auferstehungsheilands aus der Barockzeit, Votivgaben erinnerten an die ihm zugeschriebene wundertätige Kraft. Im Hintergrund Dattenhausen und seine Höfe

71 In Buch steht noch dieses wohlgepflegte Söldanwesen mit Heustock und Schweinestall.
Auch in der Kleinlandwirtschaft der Bauern, die tags zur Arbeit gingen, waren
Leben und Hauswesen in eine feste Ordnung eingebunden

72 Die historischen Feuchtbiotope des Rothtals boten dem Weißstorch ideale Lebensbedingungen. Auf dem Unterrother Kirchturm fühlt sich Adebar noch immer wohl

73 In Schalkshofen, Gemeinde Oberroth, ist dieser Hof mit seiner Bauzier aus der ersten Hälfte des 19. Jahrhunderts Ausdruck bäuerlichen Stolzes

74 Obenhausen. Mausoleum der Grafen Moy de Sons am erweiterten Friedhof, 1895 entworfen von Architekt Gabriel Seidl, München, ausgeführt von Luitpold Gaiser, Weißenhorn

75 Historische Gärten sind im Landkreis Neu-Ulm eine Seltenheit: Schloßgarten von Obenhausen, im englischen Stil, Ende 19. Jahrhundert verändert. Der Obelisk wurde 1910 gewidmet: »Unseren Obenhauser Rehen«

76 Die Pfarrkirche im Markt Buch ist dem Hl. Valentin geweiht. Das Martyrium erduldet St. Valentin angesichts der Statue Jupiters. Hauptfresko von Konrad Huber, Weißenhorn, 1782

77 In Gannertshofen hatte die von Kuen ausgemalte Kirche bis 1903/04 nur einen Dachreiter als Glockenturm. Neubau eines Turms in neubarocken Formen. Besonderer Schmuck des Dorfes am Berg ist der jüngst restaurierte Barockpfarrhof mit Außenbemalung

78/79 In Dietershofen/J (bei Obenhausen) findet der überraschte Besucher eine formvollendete Rokokokapelle für die Bauern des kleinen Weilers, geweiht der Heiligsten Dreifaltigkeit. Die dreiteiligen birnenförmigen Fenster und der Stuck ließen zu, eine Zuschreibung an den buxheimischen Baumeister Jakob Jehle aus Obenhausen zu wagen. Die stukkierten Seitenaltäre und die Malerei erstanden, nach schlimmen Salpeterschäden, in alter Schönheit durch die Restauratoren Ludwig und Johannes Amann

80/81
Witzighausen, Wallfahrtskirche Mariä Geburt.
Neben Roggenburg bietet die unter dem Patronat der Fugger stehende einstige Filiale von Wullenstetten den festlichsten Innenraum des (Früh-)Rokoko.
Die großartigen Fresken des Augsburgers Christoph Thomas Scheffler von 1740 illustrieren die Kindheitsgeschichte Jesu, gipfelnd im Hauptfresko der Vermählung Josephs mit Maria: die Personifikation der Göttlichen Weisheit
»Die Weisheit hat sich ein Haus gebaut, als Maria, die Mutter Jesu, mit Joseph vermählt ward« (Inschrift)

NOVITER
ERECTA EST
ECCLESIA ISTA BEATÆ
VIRGINIS
A
QVATVOR SÆCVLIS
MIRACVLIS GLORIOSÆ.

St. Ulrich
Apoth
BISTRO TREND
Trend

82 Sechs Uhr fünfzehn: das Städtchen erwacht. Blick aus der Reichenbacher Straße auf das dreitürmige Obere Tor in Weißenhorn

83 Umzug der Narren am Fasnachtsdienstag in Weißenhorn. Die Fasnet galt früher als die fünfte Jahreszeit im »Städtle«. Nicht nur die Vereine lassen es an Einfallsreichtum nicht fehlen: ganze Familien stellen sich als selbstständige Gruppen mit reizvollen Themen vor

84 Beim Fasnachtsumzug schlüpft jeder in die Rolle, in der er seinen Mitmenschen imponieren will. Früher wurden geschnitzte Holzmasken verwendet; heute kommen auch kunststoffene Fratzen zum Einsatz (Weißenhorn)

85 Als Jakob Fugger 1507 die Grafschaft Kirchberg–Weißenhorn–Marstetten von Kaiser Maximilian I. pfandweise übernahm, versprach er, dem Kaiser für gelegentliche Besuche auch eine »Behausung« bereitzustellen: das heutige Fuggerschloß (1513) mit gotischem Treppenturm (neben dem älteren Schloß)

86 Das »Neuffenschloß« in Weißenhorn hat um 1975 seine Fialenzier zurückbekommen. Der mächtige Kirchengiebel gegenüber macht mit seinen Zwerggalerien glaubhaft, daß ihr Architekt August v. Voit diese Kirche unter dem Eindruck seiner Mitarbeit beim Wiederaufbau des Speyerer Doms (Mitte 19. Jahrh.) geplant hat

87 Erbishofen, ehemals Hausnummer 1. Fachwerkhof mit kräftigem Fachwerk: Pfosten mit überkreuzten Fuß- und Kopfstreben und gebogenen Andreaskreuzen (heute Pfaffenhofen, Erbishofer Straße 48)

88 Fallenstock an der Roth beim Alten Wasserwerk gegenüber der Grafertshofer Kirche St. Cyriakus. Der Wasserreichtum des Landkreises Neu-Ulm wird in diesem Buch an anderer Stelle anschaulich beschrieben

89 Fronleichnamsprozession in Weißenhorn: am vierten Altar vor der Schranne, Weißenhorns vielhundertjährigem Alten Kauf- und Rathaus, erteilt Primiziant [illegible] mit dem Allerheiligsten den Segen (2001)

90 Grafertshofen. Einstiges Wohnhaus mit Werkstatt des Kunstschreiners Johannes Kempf mit Inschrift von 1793, heute liebevoll restauriertes Anwesen eines Kirchenmalers: der Frühklassizismus zeigt sich nun in der Sprache der erneuerten Kratzputztechnik am Türgericht, an Fensterfaschen und -verdachungen

91 Niederhausen, Filialkirche St. Dominikus, 1760. In das kleine Dorf auf der westlichen Bibertalhöhe holte der Weißenhorner Freskant Martin Kuen den venezianischen Himmel Giovanni Battista Tiepolos in einer Wiedergabe seines Freskos in der Gesuati-Kirche: Rosenkranzspende des Hl. Dominikus, das Motiv der verbreiteten Rosenkranzbruderschaften

92 Attenhofen. Christus und die zwölf Apostel. Drei Gruppen von Halbfiguren, die einst die Predella des gotischen Altars von Attenhofen füllten, zugeschrieben an den Ulmer Bildhauer Nikolaus Weckmann. Die Seitenflügel des Altars gelangten ins Ulmer Museum. Um 1500/1520. Pfarrkirche St. Laurentius Attenhofen

93 Pfaffenhofen an der Roth. Der schlanke Turm der Pfarrkirche St. Martin, aufgestockt und mit eingeschnürter Zwiebelkuppel versehen um 1700. Der Schall der Glocken mußte sonntags weit entfernte Filialen zur Messe rufen

94 Marienkapelle des Weilers Klassenhart, ehem. Gemeinde Oberfahlheim, an der ehemaligen Furt durch das Flüßchen Roth gelegen beim Hartmannhof, dessen Besitzerin Magdalena Hartmann 1864 auch den Altar gestiftet hat

95 Sternsinger ziehen übers Land. Das Brauchtum zwischen Neujahr und Dreikönig läßt die Kinder von Haus zu Haus und über die Flur ziehen – hier über die Flur von Christertshofen – im Gewand der Heiligen Drei Könige

96/97 → →
Nutzbauten im Gewand vergangener Zeiten: die Braukunst gehörte in Jahrhunderten zu den ausgeübten Berufen, die sich in charakteristischen Bauten manifestierten. Die spätbarocke Brauerei der »Krone« in Oberfahlheim, jetzt aus ihrem Dämmerzustand errettet von der Sparkassenstiftung Neu-Ulm/Illertissen und Sitz der Landkreisgalerie (links), rechts der Klinkerbau der Brauerei Seibold in Nersingen, Ende 19. Jahrhundert, Wahrzeichen des Ortes und derzeit noch seiner neuen Bestimmung als Ortsmittelpunkt harrend

98 Über die Brücke der Roth, kurz vor ihrer Mündung in die Donau, eilt der ICE von München nach Ulm, im Hintergrund einer der schönsten Türme des Landkreises, der von St. Dionysius zu Oberfahlheim

99 Wasserreicher Landkreis Neu-Ulm: östlich von Burlafingen dehnt sich im Dreieck der neuen Bundesstraße 10 und der Staatsstraße von Burlafingen nach Steinheim der Kiesweiher. Sein Blau und seine bewachsenen Ufer gemahnen an ferne Urlaubsziele

100 Am Unterlauf der Roth. Durch Renaturierung gewinnt die Roth zusehends etwas von ihrem Urzustand zurück

101 Der Osterbach bei Unteregg als Lebensraum einer glücklichen Gänseschar

102 An der jungen Biber: Nordholz mit seiner 1760 erbauten kleinen Antoniuskirche, zwischen Bäumen versteckt. Der Turm ist ein feines Werk einheimischer »Stuckarchitektur«

103 Wo sich vorderer und hinterer Hüttenbach zum Osterbach vereinigen: Christertshofen mit Joseph Dossenbergers († 1785) »nachgelassenem« Werk: dem 1786 von Abt Gilbert Scheuerle zu Roggenburg erbauten Pfarrhof mit einer für Dossenberger charakteristischen kalottenartigen Eingangsnische

104 Großuhrenmacher Gordian Pechmann in Roggenburg. Die kleine Turmuhrenfabrik am oberen Roggenburger Stiftsweiher aus dem 19. Jahrhundert bietet meisterhafte Arbeit in höchster Präzision und Standorttreue in historischer Architektur

105 Zwischen Balmertshofen und Biberberg: Feldkreuz und Rastplatz am gelben Rapsfeld. Auch bemalte Blechfiguren auf Holzkreuzen sind oft von namhaften Künstlern gestaltet. Die vom Schwert durchbohrte Schmerzensmutter stellt den Typus der Münchner Herzogspital-Muttergottes dar, die über die Herzöge und Kurfürsten von Bayern weiteste Verbreitung fand

106 »Kleiner Einfirsthof des 18. Jahrhunderts mit abgewalmtem Dach. Im Obergeschoß schlicht konstruktives Fachwerk mit alten Schubflügelfenstern« (H. Habel). Dieses kleine Meßhofer Juwel wird immer noch als Malerwerkstätte genutzt

107 Beuren an der Biber. Nordfront des Kartaus-Buxheimer Amtschlosses mit Himmelskönigin als Hausheiliger, Heimat des Komponisten Wilfried Hiller

108 Der nach Weißenhorn eingemeindete Weiler Asch an der Biber mit seinen stattlichen Fachwerk-Bauernhöfen, vom Ascher Schloßberg aus gesehen
109 Roggenburg. Am Leiberfest (Mariä Himmelfahrt, 15. August) werden in der Klosterkirche die Kräuterbüschel geweiht. Danach setzt sich die Prozession mit den Gebeinen der römischen Märtyrer Valeria, Severina, Laurentia und Venantius in Bewegung; derzeit umrundet die Route das Klostergeviert

110 Roggenburg. Bei der Leiberprozession passiert das Traggestell mit S. Severina den Weg zum »Prälatengarten«, gefolgt von den Bruderschaftsstäben

111 Roggenburg. Dem Schrein der Hl. Laurentia folgt das Traggestell mit dem großen von Konrad Huber gemalten Bild der von Schwertern durchbohrten Sieben-Schmerzen-Muttergottes. Im Hintergrund der großartig sanierte »Prälatengarten«

112 Von Wallenhausen aus in den Stoffenrieder Forst: Blick vom Rauhen Berg (538 m) über die Lichtung zum Schießerkopf (539 m)

113 Biberach mit seiner Kirche St. Sebastian und St. Ottilie von Nordosten, vom Rosenberg aus

114 Roggenburg. Walmgedecktes Fischerhaus am Stiftsweiher, 18. Jahrhundert

115 Auenwald an der jungen Biber

116 Die letzten Bauzeugen der bäuerlichen Hauslandschaft: Schießen, neben der Wallfahrtskirche
117 Schießen, Wallfahrtskirche Maria Maior (aus der Basilika Sta. Maria Maggiore in Rom): Das Heilige Grab in Schießen – nicht das barocke von 1769 sondern sein Nachfolger aus der sogenannten Nazarenerzeit im 19. Jahrhundert: leuchtende Glaskugeln umgeben den gemalten Christus im Grab. Im Hintergrund, durch Tuch verdeckt erhebt sich der strahlende Chor der Wallfahrtskirche

Sein Grab wird herrlich sein!

118 Biberachzell. Die Grafen von Thürheim regierten 1480–1787 diesen kleinen Kosmos im Bibertal von diesem Schloß aus, waren aber nur selten hier ansässig. Der prächtige Kirchturm von 1785 mußte 1931/1936 durch eine Kopie ersetzt werden (»Dossenberger«)

119 Leonhardiritt in Weißenhorn. Der hohe Rang des Pferdesports ließ ihn zum größten Umritt in Schwaben werden. Hier zieht das Kaltblut-Viergespann von Bauer und Waldbauer Hascher aus Schmiechen bei Schelklingen den Westallgäuer Heuwagen, auf dem der Schützenverein Attenhofen in seiner neuen Tracht den Umzug begleitet

120 Von Roggenburg nach Rennertshofen: Morgenlicht über der Riedelhöhe, die das Tälchen des Osterbachs von Rennertshofen nach Ingstetten begleitet

Anton H. Konrad

Kunstgeschichte des »Ulmer Winkels«

Der Kreis Neu-Ulm, das Land zwischen Alb und Allgäu, das den »Ulmer Winkel« in sich einschließt, im Osten durch das waldreiche Gebiet an Biber und Osterbach begrenzt wird und im Süden täleraufwärts im Quellgebiet der Roth, dem Winterrieder Ried, an der alten Bahnlinie Kellmünz–Babenhausen, seine Grenze findet, kannte seit dem Mittelalter sechs Mittelpunkte, die später auch die kunstgeschichtliche Entwicklung dieses Landes maßgeblich beeinflussten. Im Norden ist es die außerhalb des Kreisgebiets liegende Reichsstadt Ulm. Stadt, Spital und Bürger Ulms brachten im späten Mittelalter größere Teile des heutigen Kreises Neu-Ulm in Besitz. Donauabwärts wurde die Benediktinerabtei Elchingen als zweiter späterer kultureller Mittelpunkt gegründet. Im Süden wurde beim Burgsitz der Herren von Neuffen im 13. Jahrhundert Weißenhorn als städtische Siedlung angelegt. Eine Wegstunde östlich dieser Stadt war um 1130 das Prämonstratenserkloster Roggenburg gestiftet worden. Im Illertal waren es die Grafen von Kirchberg, später die Memminger Vöhlin, die Illertissen, weiter südlich die Herren von Aichheim, später die Rechberg, die Illereichen durch die Jahrhunderte prägten.

Mittelalterliche Kunst

Während die Stadt Ulm, die im späten Mittelalter so wesentlich zur Kunstgeschichte unseres Gebiets beigetragen hat, aus einer Königspfalz wuchs, waren Weißenhorn und die beiden Klöster das Werk einflussreicher Adelsfamilien. Da der Burgsitz Weißenhorn schon von seiner geografischen Lage her, über dem flachen Ufer der Roth, keine Höhenburg sein konnte, ist anzunehmen, dass die Herren von Neuffen, im Sinn hochadeliger (vor allem staufischer) Politik bei der Anlage ihrer Burg nicht zuletzt an die Gründung einer städtischen Siedlung dachten, um ihren Besitz durch Handwerk und Handel zu konsolidieren. Während an den schwäbischen Donauübergängen fürstliches Besitzstreben zahlreiche städtische Siedlungen begünstigte, blieb Weißenhorn im ostschwäbischen Gebiet zwischen Ulm, Memmingen und Augsburg nahezu die einzige Stadtanlage des 12./13. Jahrhunderts. In ovalem Grundriss hat die Altstadt von Weißenhorn sich seit dem Mittelalter nicht verändert; nur durch Vorstädte außerhalb der Mauern erweiterte sie sich schon früh. Die Burg bildete am südlichen Rand der anfangs nur mäßig befestigten Stadt eine Einheit mit der Pfarrkirche. Über das Aussehen der ersten Burg ist nichts bekannt; bislang wurde auch keine Grabung durchgeführt, um die Burganlage der Herren von Neuffen zu erforschen. Gemeinhin gilt der von Jörg von Rechberg um 1460 erstellte Bau als »Neuffenschloss«. Die bedeutendsten Häuser Weißenhorns standen an der Straße (der heutigen Hauptstraße), die die Altstadt in eine »Stadt größeren Orts« und eine »Stadt kleineren Orts« abteilte. Zwischen den größeren Anwesen führten schmale Gassen zu den kleineren Handwerkerhäusern am Mauerring. Das (alte) Rathaus, ein langgestreckter Bau mit Traufendach im Gegensatz zu den Giebelhäusern, die die Regel an der Hauptstraße Weißenhorns bilden, ist als Kaufhaus erstmals 1390 genannt.

Auf die Frühgeschichte Elchingens fiel durch neuere Forschungen manches neue Licht. Das erste Kloster wurde während des salischen Erbfolgekriegs von Konrad von Meißen und seiner Gemahlin Luitgard vom Ufer der Donau heraufverlegt in eine vorhandene Burg, deren Besitz durch den Ausgang des salischen Erbfolgekriegs gefährdet war. Was von der Elchinger Burg des 11. und beginnenden 12. Jahrhunderts blieb, ist nicht erforscht. Anzunehmen ist, dass ein Teil der bedeutenden Stützmauer im Süden des ehemaligen Klosters mit den Resten der mittelalterlichen Pankratiuskapelle in diesem Mauerverband zu den Ursprüngen Elchingens gehört.

Die Klosterkirche aus dem 12./13. Jahrhundert ist nahezu im gesamten Mauerbestand des dreischiffigen Langhauses und der Chorapsis (ohne den dazwischenliegenden Mönchschor von 1773) romanisches Mauerwerk des Baues, der nach 1146 (Brand) unter dem Einfluss der Klosterreform in dem »gebundenen« Hirsauer System gebaut ist. (Bei »gebundenen« Anlagen ist die Maßeinheit im Grundriss die Seitenlänge des Seitenschiffjoches, das quadratische Joch des Mönchschores hat doppelte Seitenlängen des Grundmaßes.) Die dreischiffige Pfeilerbasilika erhielt durch die (im Grundriss) aneinandergereihten Quadrate von Vierung, Chor und Querhausarmen kreuzförmigen Grundriss. Priesterchor und die Nebenchöre waren wohl durch Bogenöffnungen auf Freipfeilern verbunden. Die drei Aspiden von Hauptchor und Nebenchören waren in einer Flucht dem rechteckigen Basilikagrundriss vorgestellt. Die Apsis des Mittelschiffes ist im heutigen Bau erhalten; das Quadermauerwerk liegt außen frei. Die Nebenchöre mit ihren Apsiden hingegen verschwanden 1773 beim Wiederaufbau bis auf noch sichtbare mannshohe Reste.

Die einstige romanische Basilika von Roggenburg wurde bei der vollständigen baulichen Erneuerung des Klosters im 18. Jahrhundert bis auf den Grund abgebrochen. Die Liturgie der Prämonstratenser-Chorherren erforderte kein Querhaus. Die wenigen und ungenauen Darstellungen des romanischen Baues von Roggenburg vor 1752 zeigen Ähnlichkeit mit der Kirche des Mutterklosters Ursberg, die sich als querschifflose Basilika mit schmalem, sehr hohem Mittelschiff von der Elchinger Basilika schon im Querschnitt bedeutend abhebt. Im Gegensatz zu Elchingen (Vierungsturm) und Ursberg besaß die dreischiffige Roggenburger Anlage jedoch eine doppeltürmige Westfassade, welche die Vorhalle umschloss. Das einstige mittelalterliche Roggenburger Prämonstratenser-Doppelturm-»Westwerk« lässt sich erahnen beim Anblick der Prämonstratenserkirche im westböhmischen Tepl. Neben den beiden Klosterkirchen war die alte Stadtpfarrkirche in Weißenhorn sicherlich eine bemerkenswerte Kirche der romanischen Zeit. Der Grundriss der 1859 eingestürzten Kirche ist überliefert, doch ist unsicher, welche Teile der dreischiffigen Basilika einer vorgotischen Bauperiode entstammten.

Beispiele von romanischen Chorturmkirchen gab es auch in unserem Kreis: Früher als die beiden großen Stiftskirchen entstanden beim Landesausbau die ersten Kirchen in den schon alamannisch und fränkisch besiedelten Orten. Einen Fingerzeig dazu geben die Martinspatrozinien im Illertal wie Kellmünz, Herrenstetten, Filzingen, Illertissen, Illerberg über dem Ostufer des Illertals und Obenhausen im Rothtal.

Und der Ortsname Altenstadt lässt nicht nur Siedlungskontinuität seit der Römerzeit erahnen: seine alte Marienkirche gab bei der letzten Restaurierung ein fast komplett erhaltenes Steinportal frei mit karolingischem Flechtwerkornament. Für das würdig restaurierte Kirchlein ist sein hochgotischer Chor fast genau urkundlich ins Jahr 1300 zu datieren, seine spätere Neuausstattung ist für die Jahre um 1600 belegt.
In seiner fast originalen Kubatur tritt uns das romanische St. Martinskirchlein zu Filzingen, das durch Turmachteck und Neuausmalung im Jahre 1594 zu einer Selbstdarstellung des frommen Ernst von Rechberg zu Kellmünz wurde.
In Aufheim war (bis zum spätgotischen Neubau 1490) das Erdgeschoss des Turms der ursprüngliche Altarraum der Kirche St. Johann Baptist. Im quadratischen Innenraum ruht ein Kreuzgratgewölbe auf vier romanischen Kämpferplatten. Der zugemauerte Chorbogen (Westwand) des Turmraumes ist als Blendarkade sichtbar; ihm gegenüber in der ehemaligen Ostwand ein romanisches Schlitzfenster. Da der heute als Abstellkammer benützte Raum möglicherweise noch Fresken birgt, wäre er, zusammen mit dem prachtvollen gotischen Taufstein, geeignet für eine würdige Taufkapelle.

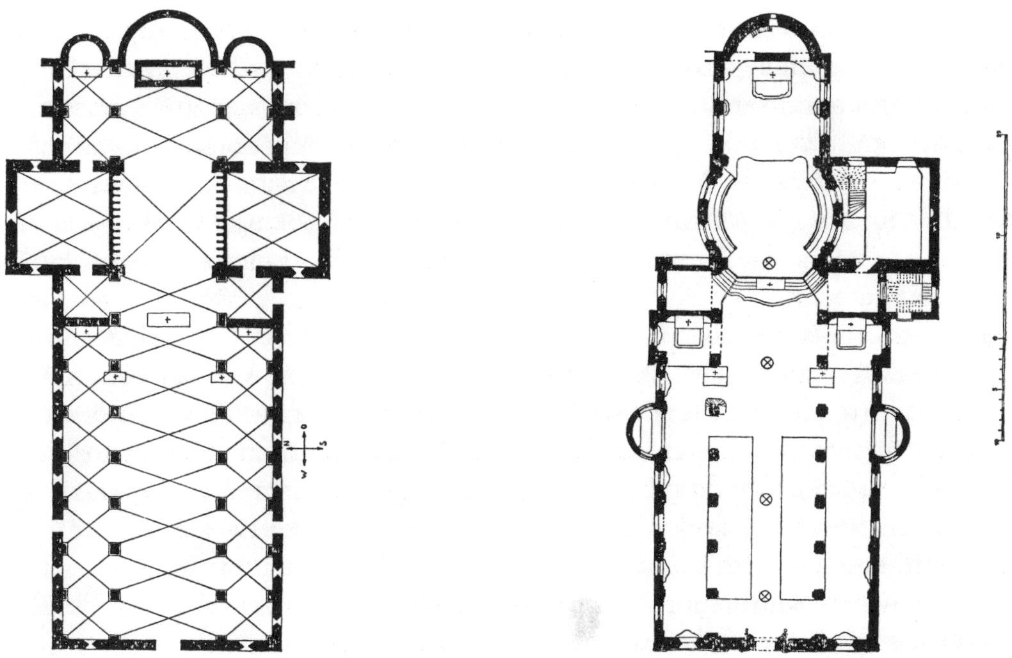

Oberelchingen. Die Benediktinerabteikirche nach einem Grundriß (links) aus dem Jahre 1700: romanische Basilika mit Kreuzgratgewölben von 1667 und Grundriß der 1773 wiederaufgebauten Klosterkirche (rechts)

Beispiel einer gotischen Chorturmkirche des 14. Jahrhunderts ist die evangelische Pfarrkirche St. Ulrich in Pfuhl, einst eine Ulmer Filialkirche, der – wie jüngste Ausgrabungen beweisen – eine viel kleinere, in den heutigen Grundriss einbeschriebene Kirche vorausgeht, vielleicht entstanden bald nach der Kanonisierung ihres Kirchenpatrons St. Ulrich, also um 1000. Der kreuzgratgewölbte niedrige Chor, im Vergleich zum heutigen Langhaus (15. Jahrhundert) stark eingezogen, ist durch das 1394 datierte Fresko des Weltgerichtes auf der Westseite des Chorbogens noch für das 14. Jahrhundert gesichert. Wohl die bemerkenswerteste Anlage ist die Chorturmkirche in Reutti, deren Turmerdgeschoss als eingeschobenes Chorjoch des Kirchenraumes wirkt, seit die Herren von Roth um 1470 die Kirche ostwärts durch Neubau eines polygonalen, netzgewölbten Chores erweiterten. Schild- und Gurtbögen dieses Turmjoches sind architektonisch besonders reich durchgebildet. Das Netzgewölbe ruht auf Konsolen, welche mit Wappenschilden geschmückt sind.

Die meisten Landkirchen unseres Kreises verdanken ihr Entstehen den bauhistorisch überaus fruchtbaren Jahrzehnten zwischen 1450 und 1520, der Zeit der Spätgotik, in der auch die durch den Münsterbau in Ulm aufgeblühte Ulmer Kunst ihre größte Entfaltung erreichte. Es gibt nur wenige Orte im Landkreis, deren Kirchen oder Kapellen keine Spuren dieser Epoche mehr aufweisen. Zahlreiche Türme und Chöre erhielten die für den Ulmer Raum charakteristischen Lilien- und Blendbogenfriese aus Formbacksteinen. Da die Mehrzahl der Chöre netzrippengewölbt ist oder bis in die Zeit barocker Umbauten gewölbt war, sind an die Außenseiten der 3/8- bis 5/8-Schlüsse meistens Strebepfeiler gestellt, die den Gewölbeschub abzustützen hatten. (Beispiele: Weißenhorn Heilig-Geist-Kirche, nach 1470; Pfuhl Marienkapelle 1478, Oberfahlheim, Holzschwang, Meßhofen, Oberreichenbach, Holzheim 1519.) Manche der Bauten sind durch Inschriften bezeichnet (Weißenhorn Heilig-Geist: … des holig gaist s. laurentz s. blasy s. agnes s. barbara … (Weiheinschrift); Hittistetten St. Leonhard: Maister Herlin von Düfembach hat dys Kirchen gemacht 1488). Der letzte Kirchenbau dieser Periode ist zugleich einer der anspruchsvollsten in der Reihe der Dorfkirchen: Holzheim, 1519 datiert und von »hans haegeli[n] von lipa« (Leipheim) als Maurermeister innen an der Chornordwand bezeichnet. Jedes der beiden Chorjoche ist von einer achtstrahligen Sternform mit Schlussstein überspannt. Den Charakter der Üppigkeit unterstreichen die über den jeweiligen Schnittpunkt hinausschießenden und dann abbrechenden Rippen, deren Dienste auf ebenfalls durchgebildeten Konsolen aufsitzen.

Die Regel der Lilienfriese aus Terrakotta und der Blendbogenfriese bei der Außengestaltung der Chöre und Türme wurde schon erwähnt. Nahezu sämtliche Kirchtürme der Gotik haben darüber hinaus ein steiles Satteldach mit mehr oder weniger reich durchgebildeter Fialenzier (Aufheim, Unterelchingen, Kadeltshofen, Holzheim, bis 1860 Witzighausen) und gotischen Vertikalrippen im Turmgiebel (schönstes Beispiel: Biberberg, Unterroth, Vöhringen). Mehrere Kirchtürme sind mit achtseitigen Spitzhelmen über je vier Giebeln versehen (Wullenstetten, Pfuhl, Holzschwang; Weißenhorn auf einer Stadtansicht von 1555). Diese Form des Spitzhelms findet sich an dem in ursprünglicher Form aus dem Ende des 15. Jahrhunderts erhaltenen Oberen Torturm in Weißenhorn wieder.

Weißenhorns Stadtbefestigung wurde um 1485/95 von Herzog Georg dem Reichen von

Bayern-Landshut erheblich ausgebaut. Der Herzog machte Weißenhorn in der Absicht einer zielstrebigen Territorialpolitik zu einem festen Platz. Als Denkmäler dieser Zeit blieben das Obere Tor mit zwei Vorwehrtürmen (1486, 1492) und das Untere Tor (um 1470/80) mit rippengeschmückten Blendarkaden in den oberen Geschossen von 1527 erhalten. Beim Unteren Tor (»Gänsgückeler«) findet sich als oberer Abschluss die in unserem Gebiet seltenere Form der sich durchkreuzenden Treppengiebel. Bis ins 19. Jahrhundert war die Stadtbefestigung Weißenhorns mit Mauer, Zwinger, Zwingermauer, Graben und Grabenwall intakt.
Zwingermauer, Graben und Grabenwall sind bis heute noch hervorragend erhalten an der Südwestseite des Schlosses (als zur ehemaligen Amtsrichterwohnung und zur ehemaligen Realschule gehöriger Garten). Von den Stadttürmen fielen Keichturm (Westseite der Stadt) und Keserturm (Ostseite). Der Prügelturm (Diebsturm) als nordwestlicher Eckpfeiler der Altstadt blieb stehen.
Von Profanbauten der gotischen Zeit ist das Weißenhorner Schloss – Rechbergbau um 1460 als sog. »Altes Schloss« und Fuggerbau als sog. »Neues Schloss« von 1513/14 – als einziges und bedeutendes Werk übriggeblieben. Der kastenförmige Rechteckbau mit ehemals erdgeschossiger Durchfahrt ist ein dreigeschossiger Bau mit mächtigem, steilem Satteldach. Die Giebelfelder mit rundbogigen Speicheröffnungen und – in zwei Geschossen – mit spätgotischen Zwillingsfenstern werden an den Giebelschrägen von gotischen Rippen gesäumt. Die den Bau besonders auszeichnenden Giebelzinnen wurden verständnisvoll wieder hergestellt.
Der »Weiße Bau« (Neues Schloss, »Fuggerbau«) wurde 1513/14 von Jakob Fugger errichtet als »neue Behausung« auf Geheiß des Kaisers Maximilian I., der die Baukosten durch Abschlag von der Pfandsumme der Herrschaft übernahm. Während im Alten Schloss um 1735 ein barockes, breitläufiges Treppenhaus eingebaut wurde, blieb am »neuen« Bau der achteckige spätgotische Treppenturm erhalten. Anfangs des 19. Jahrhunderts (oder früher) wurde bereits der Westgiebel dieses Schlossteils vereinfacht, der ehedem vermutlich Fialen und Erkertürmchen aufgewiesen hatte (Ansicht von 1555). Die Bemalung geht auf die Umbauten unter Anton Fugger, um 1535, zurück: sie trägt Renaissancecharakter und wurde 1931 (und 1966/67) erneuert. Der Zwischenbau wurde erst im Barock als Bautrakt ausgestaltet und für die damals in Weißenhorn residierende Fuggerlinie ausstuckiert. Als weiterer gotischer Herrensitz wurde die Burg Neuhausen bei Holzheim um 1470/80 als Schloss neu erbaut; sie ist schon 1756 ausgebrannt. Nur ein Turm mit gotischem Blendbogenfries erinnert an sie.

Plastik aus mittelalterlicher Zeit

Früheste Beispiele mittelalterlicher Plastik sind je ein romanischer Kruzifixus in St. Leonhard zu Weißenhorn und – als Vortragekreuz aus getriebenem Bronzeblech – im Weißenhorner Museum. Der jedenfalls stark restaurierte Kruzifixus in St. Leonhard (heute in Heilig Geist) ist mehr stehend als hängend dargestellt; der Kopf ist, vom Beschauer aus, leicht nach links gewendet und trägt eine Königskrone. Auch eine leise Biegung des Corpus nach links ist wahrnehmbar.
Mit der Bedeutung des Kirchenbaues für den mittelalterlichen Menschen, der in den gotischen Kathedralen das himmlische Jerusalem zu verwirklichen suchte, hängt es

zusammen, dass gerade in spätgotischen Bauten der Ausstattung größte Aufmerksamkeit geschenkt wurde. Die Einrichtung des »Seelgeräts«, d.h. die Schaffung frommer Stiftungen aus Vermögenswerten zu Lebzeiten, um himmlischen Lohnes sicher zu sein, ließ an jeder größeren Kirche eine Vielzahl von Pfründen und Altären entstehen. Auch kleine Pfarrkirchen und Filialkirchen waren dessen teilhaft. Während die bewegliche Ausstattung, wie Altäre und Orgeln, im Bildersturm 1531 und später (Holzheim 1533) oder infolge des Stilempfindens einer späteren Zeit häufig verlorenging, blieben Wandfresken unter Tünche jahrhundertelang erhalten, um in unserer Zeit – zumeist in weniger leuchtenden Farben – wieder restauriert zu werden.

Den glücklichsten Gesamteindruck einer bilder- und skulpturengeschmückten, mittelalterlichen Kirche in unserem Landkreis bieten heute Chor und Altarraum der Pfarrkirche St. Margareta in Reutti.

Die frühesten Bildwerke dieses Kreises finden sich in Altenstadt (früher Marienkirche, heute in der neuen Kirche Guter Hirte): eine stehende Muttergottes mit Kind, in den Kirchen von Bubenhausen und Holzheim. Die sitzende Muttergottes mit Kind in der Pfarrkirche von Holzheim repräsentiert die Plastik des »Weichen Stils«, die – im Einflussbereich der Ulmer Kunst – bis in die Zeit Hans Multschers blühte und die am Ulmer Münster mit dem Werk des Meisters Hartmann gleichzusetzen ist, um 1420. Die Holzheimer Figur kennzeichnet ein etwas spröder Gesichtsausdruck. Im Faltenwurf von Mantel und Untergewand, die in breiten Bahnen über die Knie fallen, ist eines der Hauptmerkmale dieses Stils wieder am besten erkenntlich. Eine Besonderheit der Holzheimer Muttergottes, deren Kind stehend auf dem Schoß der Mutter gegeben ist, ist die Haartracht aus echten Haaren. Die ungefähr in die gleiche Zeit um 1420/30 zu datierende sitzende Muttergottes von Bubenhausen gehört demselben Typus an; sie ist jedoch überarbeitet und stark restauriert und trägt ein später neu hinzugefügtes Kind.

Von den ehemals zahlreichen Flügelaltären blieb bis in die Gegenwart nur der Altar von Reutti an seinem ursprünglichen Ort erhalten. Vom Altar zu Attenhofen, im 18. Jahrhundert, vielleicht bis 1752, noch intakt, blieben wesentliche Teile am Ort, so die Zwölf Apostel mit Christus aus der Predella erhalten. Die Flügel gelangten ins Ulmer Museum. Der Schnitzaltar von Hausen, im 19. Jahrhundert aus der kleinen Kirche verkauft, fand eine museale Aufstellung im Württ. Landesmuseum in Stuttgart. Zahlreiche Einzelfiguren sind noch heute, ohne dass ihr früherer Zusammenhang noch erkennbar wäre, in den katholischen Kirchen des Landkreises erhalten, durchwegs ulmische Bildwerke. Am wenigsten blieb im Elchinger Raum bewahrt; die Skulpturen ehemals Roggenburger Provenienz finden sich in St. Stephan zu Rennertshofen, eine stehende Muttergottes, um 1480, vermutlich die Mittelfigur eines großen gotischen Altarschreins, und in Christertshofen St. Georg eine hinreißende Beweinungsgruppe, wohl von Nikolaus Weckmann, um 1520.

Als einziges Werk seiner Art ist in der Kirche zu Reutti ein farbig gefasstes, aus Terrakotta gebranntes Sakramentshaus erhalten. Auf der Nordseite des Chors, neben dem Flügelaltar, erhebt sich der viergeschossige Aufbau, der in den Farben Rot, Blau und Gold gefasst ist. Über der Sakramentsnische, im dritten Geschoss des Aufbaus, findet sich, in perspektivischer Sicht, unter einem Baldachin die Szene des letzten Abendmahls. Das seltene Werk steht dem Sakramentshaus in Füssen-St. Mang nahe und wurde um 1470 datiert.

Groß ist die Zahl der Muttergottesfiguren des 15. und beginnenden 16. Jahrhunderts. 184

Sie stehen in den Kirchen von Illerberg, Roth, Gerlenhofen, Senden, Ay, Illerzell, Attenhofen und Bubenhausen; im Raum Illertissen seien an erster Stelle genannt die stehende Muttergottes von Vöhringen (jetzt Marienaltar in der neuen Kirche); einige bewahrt das Weißenhorner Museum. Das bedeutendste Bildwerk in dieser Reihe dürfte die Muttergottes von Pfaffenhofen sein. Sie gehört, um 1470 entstanden, in den Umkreis Michel Erharts, des Meisters der Ulmer Chorgestühlbüsten und des Blaubeurer Altars. Dem gleichen Werkstattkreis entstammt auch der hl. Michael als Seelenwäger in der im Jahre 1471 um eine Messstiftung bereicherten Kirche von Kadeltshofen-Remmeltshofen. Während für die stehende Muttergottes in Gerlenhofen, mit dem diagonal vor der Mutter fast schwebend gehaltenen Kind, Einflüsse von Gregor Erhart geltend gemacht werden, wurden die Figur von Illerzell und der Altar aus der Hausener Kapelle namengebend für Notnamen, mit denen noch nicht benennbare Ulmer Bildhauerwerkstätten (durch Gertrud Otto) umschrieben wurden: der Meister von Illerzell und der Meister des Hausener Altars. Dieser bezeichnete seinen Schrein: »anno domini 1488 uff michaeli«. Die drei etwas gedrungenen Figuren: Muttergottes, St. Ulrich, St. Konrad zeichnen sich durch klare Raffungsmotive ihrer Mäntel aus.
Die Madonnenfigur in Illerzell ist ein typisches Werk einer offenbar vielbeschäftigten Ulmer Werkstatt, die das spezifisch »Ulmische« um die Jahrhundertwende 1490/1510 weit verbreitet hat: »Zusammenfassung des Konturs, flächenhafte Körperbehandlung und das rundliche Gesicht mit der breiten Stirn und dem freundlich-temperamentlosen Ausdruck« (Otto).

Der Altar von Reutti

Den größten Anteil an Werken in unserem Landkreis hat aber die Werkstätte des »jüngeren Syrlin«, die seit der Freilegung der Holzfigur des Ritters Stephan von Gundelfingen (mit Signaturfund, Pfarrkirche Neufra bei Riedlingen) mit Nikolaus Weckmann identifiziert werden konnte. Weckmann ist als Meister des verlorenen Hochaltars der Stadtpfarrkirche Biberach/Riß genannt; der in bedeutenden Teilen überkommene ehemalige Hochaltar der Klosterkirche Ochsenhausen und der Talheimer Altar zählen ebenso zu seinen Hauptwerken wie der Altar von Reutti, der das schönste Werk der gotischen Zeit in unserem Landkreis ist. Die Identität Syrlin-Weckmann ist durch Wolfgang Deutsch ausreichend nachgewiesen.
Der Flügelaltar von Reutti, mit einem kapellenähnlichen Schrein und zwei reliefierten Flügeln, Predella und reichem Gespreng, ist eine Stiftung der Ulmer Patrizierfamilie Roth. Sein älterer Schrein trägt seitlich die eingemeißelte Jahreszahl 1498, doch ist das Werk ohne Zweifel durch die auf die Predella gemalte, ausführliche Stifterinschrift von 1519 richtig datiert. Das Rätsel löst sich durch den Umstand, daß die Stiftung der Familie Roth erst 21 Jahre später zuende gebracht werden konnte.
Der Schrein enthält, diagonal in die Tiefe des gotischen Innenraums aufgereiht, die Szene des Marientods mit den Aposteln am Sterbelager der Muttergottes. Die auf Perspektive bedachte Komposition, die überlegte Gruppenbildung des vielfigurigen Geschehens und der hervorragende Schnitzstil mit äußerster Feinheit der Einzelheiten, wie der Hände, lässt die Stellung des Reuttier Altars im Œuvre des alten Nikolaus Weckmann als bedeutungsvollstes Spätwerk unter seinen vielen erhaltenen Arbeiten erscheinen.

Auch der Flügel mit einer Verkündigung Mariens und einer Geburt Christi hat sich nun der Bildschnitzer bemächtigt, dem es hier – wie dem Maler – auf perspektivische Darstellung ankommt.
Aus der gleichen Werkstätte der späten Gotik stammte der Attenhofer Altar, dessen gleichfalls reliefierte Flügel ins Ulmer Museum gelangt sind. Der in Weckmanns späterem Schaffen beobachtete Übergang von der Reihung der Figuren zur lebendigen Gruppenbildung offenbart sich am schönsten in der aus drei Einzelgruppen zusammengefügten Predeilenplastik, die aus den Halbfiguren Christi und der zwölf Apostel besteht. Die große sitzende Muttergottes, vielleicht die einstige Schrein-Mittelfigur, überrascht durch das Motiv des Jesuskindes, das mit der einen Hand die Weltkugel balanciert, mit der anderen der Muttergottes ins aufgeschlagene Buch greift (vgl. Talheimer Altar, Württ. Landesmuseum, Stuttgart).
Dem ehemals für Jörg Syrlin den Jüngeren beanspruchten Werk des Nikolaus Weckmann gehören auch die zwei Figuren, eine Muttergottes und eine Agnes, in der Kapelle zu Ay an. Die Maria wiederholt die bekannteren Skulpturen von Erbach und Ennetach. Einer anderen Ulmer Werkstätte wird die heute im Auszug des neobarocken Illerberger Hochaltars den Blicken entrückte Muttergottes von Illerberg gegeben.
Der hl. Leonhard in Roth wird neuerdings mit einer Reihe von Werken zusammengesehen, die sich um den Ulmer Meister des Füssener Hochaltars gruppieren. Die weichen, teigigen Falten stauen sich auf dem Sockel; der Schädel wirkt breit und beinahe »platt«.
Einzelwerke Augsburger Provenienz sind vermutlich zwei Grabmäler in Oberfahlheim und Roggenburg: das in reicher Spätgotik gearbeitete Sandstein-Epitaph des in Frontalsicht dargestellten Augsburger Weihbischofs Heinrich Negelin, der 1520 als Pfarrer in Oberfahlheim starb, und der ebenfalls ganzfigurige Rotmarmor des Abtes Jörg Mahler von Roggenburg, des ersten Roggenburger Abts, der die Inful trug (gest. 1505). Der Augsburger Steinmetz Hans Beierlin signierte die Reliefplatte an den Ärmelsäumen. (Epitaph 1922 als Türschwelle wiederaufgefunden.)

Gotische Wandmalerei

Die ältesten Malereien in Pfuhl – im Chor und am Triumphbogen – sind 1394 datiert. Das bezeichnete Bild stellt Christus als Weltenrichter dar, ein häufiges Thema für die Chorwand. Im Chor selbst sind mehrere Leidensszenen Christi und die Patrone St. Ulrich und Afra schon früher restauriert worden.
Auch die in Pfaffenhofen bei der Kirchenerweiterung 1958/59 zutage gekommenen Bildflächen an der Westseite des Chorbogens, an den für die Seitenaltäre bestimmten Wandflächen, sind vielleicht vor der Mitte des 15. Jahrhunderts entstanden. In den rechteckig ergänzten Bildfeldern sind (nördlich) ein monumentales Bild des Kirchenpatrons St. Martin zu Pferd und (südlich) eine Kreuzigung des Herrn dargestellt.
Einen geschlossenen Eindruck hinterlässt die Freskenfolge in der Kirche von Reutti, wo ein Apostelzyklus in Verbindung mit den in Schriftbändern niedergeschriebenen Artikeln des Glaubensbekenntnisses den größten Anteil einnimmt. In Reutti ist das »Jüngste Gericht« am Chorschluss, hinter dem Flügelaltar, gemalt. In der Laibung des Presbyteriumsbogens ist mit Halbfiguren der klugen und törichten Jungfrauen wieder ein

häufiges Thema aufgegriffen, das an die Pflicht des Christen zur Wachsamkeit erinnert. Die farbliche Gesamtwirkung des gut restaurierten Architekturrahmens und der Freskenfolge in Reutti wird – in der Betrachtung vom Gemeinderaum aus – allerdings gestört durch das moderne Fresko (aus der Münchener Klemmer-Schule) an der Westseite der Chorwand.
Um 1908 wurden auch in der Filialkirche von Hausen alte Fresken aufgefunden und vor allem ein vollständiger Passionszyklus mit vier sich daran anschließenden Szenen (Auferstehung bis Emmausmahl) restauriert. Die Ausmalung in Hausen, für die eine Entstehungszeit um 1470 angenommen wurde, überrascht durch ihre gute Erhaltung. Starke Übermalungen bei der Konservierung 1908 wurden bei der letzten Erneuerung 1964 gemildert.
In die letzten Jahre des 15. Jahrhunderts gehört eine weitere Bilderfolge an der Südwand des Langhauses der Ulrichskirche in Pfuhl. Am eindrucksvollsten in Farbe und Zeichnung ist die Sebastiansmarter erhalten, während eine schöne Marienkrönung leider nur in ihren Umrissen und in der Farbgebung gesichert werden konnte. Diese Freskenfolge, zweifellos eines Ulmer Meisters, ist wohl teilweise unter dem Einfluss der Graphik Martin Schongauers entstanden. Freilegungen erbrachten auch bei der leider 1969 abgebrochenen gotischen Marienkapelle in Pfuhl den Beweis einer ehemals vorhandenen Bemalung der Wände.
Während für die bisher genannten Freskenfolgen wohl nur Ulmer Maler der Spätgotik in Frage kommen – eine neuere, mit Abbildungsmaterial ausgestattete Untersuchung fehlt –, könnte für die Freskenfragmente einer Ausmalung in der ehemaligen Kirche des Heiliggeistspitals in Weißenhorn der ortsansässige Maler Bernhard Harder vorgeschlagen werden. Allerdings ist für ihn, den Schöpfer des einstigen Hochaltars in der Klosterkirche Frauenchiemsee, bislang noch kein existierendes Werk bezeugt. Die 1934 freigelegten und danach stark ergänzten Malereien im Chorgewölbe des Weißenhorner Kirchleins stellen die Symbole der vier Evangelisten dar. Ausgedehnte Freskenreihen aus der Zeit um 1500 enthielten auch die Kirchen von Oberreichenbach, Bubenhausen und Oberhausen. Sie wurden – soweit möglich – freigelegt, während im Raum Illertissen spätere Kunstepochen von der Gotik kaum Malerei übriggelassen haben.

Landschlösser der Renaissance

Die Zeit der Reformation hatte eine Krise der kirchlichen Kunst im zweiten und dritten Drittel des 16. Jahrhunderts ausgelöst. Der Schmalkaldische Krieg wirkte sich für Kloster Elchingen katastrophal aus. Im verwüsteten Kloster wurden nach 1546 die Altäre wiederaufgerichtet. Da sich auch in ehemals Elchinger Pfarreien nichts davon und von älterer Elchinger Kunst erhalten hat, ist auch die Frage nach der kirchlichen Kunst im Kloster Elchingen vor und nach 1546 nicht zu beantworten.
Erhalten gebliebene Denkmäler dieser Zeit sind die Vöhlin-Residenz in Illertissen und Kirchen in Kellmünz, Filzingen, Altenstadt und Illertissen sowie die Schlösser der Ulmer Patrizier im »Ulmer Winkel« und das Alte Rathaus (Schranne) in Weißenhorn von 1584.
Das großartigste Bauwerk der Renaissance ist die Residenz der reichen Memminger Handelsherren Vöhlin in Illertissen, die auf dem Plateau des Schlossbergs die alte Gra-

fenburg der Kirchberger (vorderes Schloss) erweiterten durch ein mit einem mächtigen Herrenhaus von 6 zu 4 Fensterachsen und mit Wellenrandgiebeln. Ein Erkerturm an der Südostecke und zwei Türme mit Halbkuppeln gegen Osten verstärken die malerische Wirkung. Zwei Renaissanceportale an der traufseitigen Schauseite gegen den Hof erhöhen die repräsentative Wirkung. Im Innern finden sich im zweiten Stock noch Kassettendecken aus der Erbauungszeit des 16. Jahrhunderts während die Belétage um 1720 eine neue Dekoration im Regencestil erhielt. In neuester Zeit konnte die anfangs des 19. Jahrhunderts verlorene Kuppel auf den Achteckgeschossen des alten Burgturms rekonstruiert werden.

Die Schlösser der Rechberger in Illereichen und Kellmünz gingen unter, das Rechbergschloss in Osterberg wurde später barockisiert. Alle Schlösser und Kirchen im südlichen Kreis standen unter Einfluss der Memminger Kunst.

Unter den Landsitzen der Ulmer Familien ist das von Konrad Roth (1550) und von dessen Sohn Hans Roth (1552–54) erbaute Schloss Reutti eine Dorf und Landschaft überragende Anlage. Da das einst allseitig von Gräben umgebene Schloss in Winkelhakenform erbaut ist, erzielt es vor allem in nordwestlicher Ansicht von Ulm her monumentale Wirkung. An der Südostseite wurde ein gotischer Turmstumpf zu einem großen Wohnturm mit welscher Kuppel ausgebaut. Erkertürme flankieren den Bau, der im 18. Jahrhundert ein barockes »französisches« Mansarddach erhalten hat.

Ein Jahrzehnt nach dem Reuttier Schloss wurde von Matthias Lederer von Kaufbeuren (?) die »Behausung« Neubronn neu gebaut. Lederers schöne Wappenscheibe von 1559, aus der Bauzeit, ist in Neubronn erhalten geblieben – zugleich die einzige und künstlerisch anspruchsvolle Scheibe der Zeit in unserem Raum. Neubronn ist der einzige noch unverfälschte Sitz Ulmer Patrizier im »Ulmer Winkel«, als Kunkellehen jeweils in weiblicher Erbfolge weitergegeben und bis heute in Familienbesitz verblieben. Das Schloss mit Bauernhof besitzt noch die alte Einfriedung, das namensgebende Brünnlein, und eine alte Innenausstattung. Der Bau mit 5 zu 3 Achsen weist an den Giebelschrägen anstelle eines aufgemauerten Giebelkonturs durch Putz vorgeblendete Renaissancezier auf. Auf den Firsten sitzen die in Ulm in dieser Zeit geliebten »Fahnenhäuslein«.

Fast gleichzeitig (1561) erbaute der Holzschwanger Zweig der Patrizierfamilie Roth das mitten in Holzschwang gelegene Schloss, das seit über zwei Jahrhunderten im Besitz v. Neubronner blieb. Der schlichte Bau mit 5 zu 3 Achsen ist durch zwei (ungleiche) rechteckige Türme an der Südost- und Südwestdiagonale belebt und verleiht dem Bau – zusammen mit den barock verkröpften Torpfeilern – repräsentativen Charakter. Hundert Jahre später wurde dieser Typus beim Bau von Schloss Reisensburg nochmals aufgegriffen.

Noch weitere Landschlösschen wuchsen im Ulmer Winkel aus dem Boden: das Schloss in Jedelhausen ist 1572 für den Metzger und Viehhändler Hans Claus gebaut worden; seine heutige Dachform als Walm mit zahlreichen Gauben gewann es bei einem Umbau 1792. Im Erdgeschoss hatte es einst auf der Hofseite einen offenen Laubengang. Auch das erst in der späten Rokokozeit erbaute Schloss Hausen soll einen Vorgängerbau von 1573 gehabt haben (sog. »Kavaliersbau«). Im Innern waren die Ulmer Landsitze meist mit Holzbalkendecken oder mit Kassettendecken ausgestattet worden. Aufwändige Renaissancestuckdecken wie in einigen Stadtpalästen in Ulm (Kiechelhaus, jetzt Ulmer Museum) wurden bisher nicht bekannt.

Ins 17. Jahrhundert hinein reichen die beiden zeitlich zuletzt entstandenen Patrizierhöfe: das Schloss in Steinheim, das unser Aufsehen durch seine Fassadenbehandlung erregt. In Sgraffito und Kratzputz wird Rustikaquaderung nachgeahmt. Die Fenster des Obergeschosses der Südseite sind in dieser Technik als Ädikulen (Tempelchen) mit abwechselnden Motiven gearbeitet, eine frühbarocke Fortentwicklung der strengen Fensterumrahmungen des Ulmer Kornhauses von 1594. Einige Dachgauben zeigen noch den in Ulm so gut wie verschwundenen Typ des Fenstersturzes in Eselsrückenform aus Ton. Dieses für den Patrizier Albrecht Schleicher 1619 gebaute Schloss, heute ein Bauernhof, soll nunmehr nach einer begonnenen Restaurierung in neuem Glanz erstrahlen.
Der Häuserhof, 1653 schlicht »Haisser« geheißen, bei Gerlenhofen, auf der Gemarkung Hausen gelegen, wurde 1624 von Matthäus Ritter, Handelsmann in Ulm, erbaut. Sein Wohn- und Stallteil, die gesamte Westseite des Anwesens, die gegen Westen das Tal (mit dem Bachlauf des Landgrabens) überragt, bestand aus drei Teilen in Fachwerk: einem Traufhaus (massiv erneuert), einem zurückversetzten dreigeschossigen Giebelhaus mit Glockentürmchen und dem wieder traufseitig gestellten, noch weiter zurückversetzten, südlich anschließenden Bau, der im ersten Stock den sogenannten Rittersaal enthielt. Dieser einst prächtige Herrensitz, dessen talwärts gerichteter Westgiebel aus Fachwerk erst in den letzten Jahren massiv ersetzt worden ist, fand sich im 17. Jahrhundert schon bald im Besitz der Besserer, die ihn 1653 auf einem Ölbild verewigen ließen.

Das Alte Rathaus in Weißenhorn

In Weißenhorn wurde das aus dem schon 1390 genannten Kaufhaus hervorgegangene Alte Rathaus (»Schranne«) zum bemerkenswertesten Profanbau der späten Renaissance. Sein Umbau 1584 kam wohl einem Neubau gleich: ein mächtiger, traufseitig zur Hauptstraße gestellter Fachwerkbau. Der ehemals erdgeschossig dreischiffigen Halle fügte man 1584 ein viertes Schiff gegen Westen hinzu. Die drei Reihen Holzstützen mit angeblatteten, astkrummen und geknickten Kopfbändern, entstanden noch Ende des 14. Jahrhunderts (?), tragen das Obergeschoss und darüber vier Böden, welche sich über der Erdgeschosshalle ausdehnen. Am Außenbau sind die zwei, gegen Süden und Norden gerichteten vorkragenden Giebel beeindruckend, deren Spitzen bis in jüngste Zeit noch die originalen Fahnentürmchen mit Wetterfahnen zierten. Von kunstgeschichtlicher Bedeutung ist vor allem das Obergeschoss, in dem die städtischen Gremien untergebracht waren. Die Ratsstube, das Steuerstüblein und der Tanzsaal wiesen ursprünglich komplette, heute ramponierte Wandvertäfelungen des ausgehenden 16. Jahrhunderts auf. Der Tanzsaal, vergleichbar wohl dem Saal im Ulmer Schuhhaus, hatte drei Holzsäulen, zwei davon gewunden, die dritte mit geschnitzter, aufgelegter Flechtwerkzier. Diese reiche Säule trägt auch die Jahreszahl des Umbaus: 1584. Alle drei Säulen waren lange Zeit im Heimatmuseum eingebaut und sind inzwischen als Müll am alten Ort ihrer ursprünglichen Funktion gelandet.
Die mit einer Spunddecke ausgestattete ehemalige Ratsstube umschließt die in Stein gemauerte und kreuzrippengewölbte Ofennische, welche mit Fresken der Bauzeit geschmückt ist. Offen bleibt, ob das Rippengewölbe dieser Ofennische vom früheren

Bau übernommen wurde oder ob es im Rückgriff auf gotische Formen beim Neubau von 1584 eingebracht wurde.
Der *Kirchenbau* an der Schwelle des Frühbarock schuf in Wullenstetten eine bedeutsame, weiträumige Saalkirche mit tonnengewölbtem Chor. Schiff und Chor werden jetzt unter einem mächtigen Dach vereinigt. Dabei wird der Höhenunterschied zwischen dem breiteren Schiff und dem eingezogenen Chor durch eine Attika über dem Gesims des Chores ausgeglichen. Blendarkaden auf Pilastern umziehen den ganzen Kirchenbau und verleihen der 1607–1611 gebauten Kirche eine schon barocke Monumentalität.
Zuvor, noch am Ende des 16. Jahrhunderts, waren die Kirchtürme von Weißenhorn und Hegelhofen als Renaissancetürme mit flachen, »welschen«, achtkantigen Kuppelhauben neu gebaut worden, eine Rothtaler Variante zu den Renaissancekirchen im Illertal zwischen Wullenstetten und Kellmünz.
Das mächtigste Signal der Gegenreformation wurde jedoch der Vöhlinsche Kirchenneubau von 1590 in Illertissen. Auch hier sind Chor und Langhaus unter einem First vereint, der schmälere Chor wurde um ein Attikageschoss erhöht und weist dieselben Blendarkaden wie Wullenstetten auf. Der Turm erhielt einen zweistöckigen Aufsatz mit Blendarkaden und welscher Haube. Die typische Kratzputzdekoration der Zeit blieb nur am vorderen Schloss Illertissen mit Schlosskapelle erhalten.

Plastik und Malerei in Renaissance und Frühbarock

Die Jahrzehnte der Reformation mit dem Glaubenskrieg des Schmalkaldischen Bundes hatten das katholische Leben und nicht zuletzt Ansätze zu einer neuen Blüte der Kunst in unserem Landkreis nicht beflügelt. Erst die siegreiche Seeschlacht von Lepanto 1571 über die Türken überwand die Stagnation und verhalf den Forderungen des Tridentinums nach einer »katholischen« Reformation zum Durchbruch. Die Kirche wurde in neuer Selbstdarstellung zur »ecclesia triumphans«; die Kunst sollte einer ihrer wichtigsten Wegbereiter werden. Zu Beginn des 17. Jahrhunderts blühte als eines ihrer geistlichen »Werkzeuge« der Kapuzinerorden auf, der – gerufen durch Graf Albrecht Fugger – 1667 auch in Weißenhorn eine klösterliche Niederlassung gründete.
Was nach dem Ausklang der Spätgotik an Werken der Skulptur in unseren Kirchen in der Zeit von 1530 bis 1600 geschaffen worden war, war wenig. Das lässt sich auch nach Verlusten im Dreißigjährigen Krieg und nach vielen Erneuerungen im 18. Jahrhundert noch sagen. Vor allem Grabmalplastik hatte ihre Auftraggeber in Adel und Bürgertum und bei den Abteien. So blieben in Oberelchingen zwei der schönsten Steine erhalten: ein Epitaph in Rotmarmor mit Reliefdarstellung für Wilhelm Güß von Güssenberg zu Glött mit einer sehr fein gearbeiteten Marienkrönung über dem knienden Ehepaar (Wilhelm Güß † 1531), daneben der prachtvolle Rotmarmor mit der lebensgroßen Wiedergabe des Abtes Johannes Kiechlin († 1519), ein Werk, das der Konvent später (1638) aus Dankbarkeit für Johannes Spegelin, den am Martyrium des Dreißigjährigen Krieges Zugrundegegangenen, neu bestimmte. Die Gestalt des infulierten Prälaten steht lebensgroß in einer flachen Nische, die in frühen Formen der Renaissance in einer muschelförmigen Kalotte schließt.
Beide Elchinger Steine gelten als Werke des Eichstätters Loy Hering, der im ersten Drittel des 16. Jahrhunderts einer der wenigen Bildhauer von Rang war und der vor allem die

Aufgaben, die die Ausführung eines Epitaphs an den Künstler stellte, hervorragend löste.
Die Pflicht zur und die Freude an der Repräsentation erfüllen auch die Grabmäler der Vöhlin in Illertissen und der Rechberg in Illereichen und in Kellmünz. Das große Sandsteingrabmal für Hans († 1574) und Margareta von Rechberg beeindruckt durch das riesige Jüngste Gericht (Hans Schaller, Ulm). In Illertissen sind es die stehende Ritterfigur Erhard Vöhlins d. Ä. († 1557), Erhard Vöhlins d. J. († 1576), und das vier Meter hohe Sandsteingrabmal des Hans Christoph v. Vöhlins († 1576) und der Veronika v. Freyberg († 1582), auch dieses Prachtepitaph von Hans Schaller, Ulm. In Kellmünz ließ Ernst von Rechberg seiner Filzinger Selbstdarstellung ein rund sechs Meter hohes Grabmal für sich mit Relief-Ganzfigur des 1604 Verstorbenen folgen. Der Künstler stammt aus der Reichsstadt Lindau: Esaias Gruber d. J.
Weiteren Epitaphien späterer Jahrzehnte, die vor allem in Weißenhorn (seit neuerer Zeit in der Heilig-Geist-Kirche), in Biberachzell und in Holzschwang zu finden sind, ist gemeinsam, dass sie in Sandstein ausgeführt und fast durchweg in Ulmer Werkstätten von Hans und Michael Schaller (Schaler) entstanden sind. Sie erfüllen in der Wiedergabe eines oft architektonischen Aufbaus und der Familienwappen die Pflicht der Repräsentation, kommen aber im Figürlichen nicht an die Aussagekraft der wenigen Werke früherer Meister heran.
Nach 1600/10 wandelt sich dieses Bild, vor allem verfehlt das Auftreten der italienisch geschulten Niederländer an den Höfen und in der Reichsstadt Augsburg nicht tiefere Nachwirkungen auf die Kunsttätigkeit im Land. Zudem scheinen die in den kleineren Kunstzentren tätigen Meister von sich aus den Faden zur einst blühenden Altarkunst wiederaufgenommen zu haben. Ihre Altarwerke sind zwar der Form nach frühbarock, doch erklärt sich in ihrem Schnitzstil vieles aus einem heimlichen Fortleben der gotischen Tradition.
Im Landkreis Neu-Ulm ist diese Epoche vertreten durch den großartigen Illertisser Hochalter des Christoph Rodt, gestiftet als Vermächtnis des Ferdinand Vöhlin († 1603) und seiner Gemahlin Anna von Seyboldsdorf († 1615). Das 11½ Meter hohe Werk ist als mehrstöckiges Retabel angelegt und zeigt im Hauptgeschoss die Auffahrt und Krönung Mariens im Sinne des Tridentinums, darüber die Szene der Geburt Christi mit den Heiligen Drei Königen und die gesamte Familie Vöhlin mit vier Kindern im Gebet. In dem von Säulenpaaren getragenen Altaraufbau finden auch Skulpturen der Apostelfürsten Peter und Paul (außen) und der vier Evangelisten ihren Ort. St. Michael als Sieger über das Böse und Christus der Weltenrichter bekrönen den Altarauszug über der Krippenszene mit den Stiftern. Dem Frühwerk von 1604 des Meisters Rodt aus dem vöhlinischen Neuburg a. d. Kammel folgte 1628 das reife Werk des einstigen Roggenburger Kreuzaltars. Von dem Retabelaltar, der in der einstigen romanischen Stiftskirche Roggenburg das hohe und schmale Mittelschiff (vgl. Ursberg) in zwei Hälften (Priesterchor und Laienraum) abgeteilt hat, sind in Roggenburg, in Oberwiesenbach und in Biberach noch rund ein Dutzend Skulpturen vorhanden, leider jedoch keine alten Abbildungen des gewaltigen, 1752 abgebauten Werks. Sein Kernstück dürfte der spätgotische Kruzifixus gewesen sein, der mit den polychromen Figuren Maria und Johannes seit 1930 wieder zu einem Kreuzaltar zusammengefügt ist. – Bisher wenig beachtet, da seit 1762/65 in Polierweiß an Nebenaltären in den Querhäusern aufgestellt, verdienen vor allem die Bildwerke der heiligen Peter und Paul und die heiligen Veronika und Magdalena Erwäh-

nung, die mit den Assistenzfiguren am Kreuz zum Besten der süddeutschen Plastik ihrer Epoche gehören.

Übersieht man den Unterschied im Maßstäblichen nicht, so mag der Roggenburger Kreuzaltar in der alten Stiftskirche einen ähnlichen Eindruck auf den Betrachter hervorgerufen haben wie die Altäre Deglers und die Kreuzigungsgruppe Hans Reichels in »kathedralem« Ausmaß in St. Ulrich und Afra in Augsburg. Die Roggenburger Chronik berichtet von der Anwesenheit Gustav Adolfs in Roggenburg, der das Werk kurz nach seiner Vollendung gesehen hat und seinetwegen die Schonung der Kirche befahl.

Den charakteristischen Faltenstil Christoph Rodts, knittrige und splittrige Behandlung des Gewands, »wie Blech«, zeigen auch die Himmelskönigin in Oberelchingen, ein Vesperbild ebendort in der Sakristei und einige Predellenbüsten des 1604 restaurierten Reuttier Altars, welche sich damit als Werke Rodts zu erkennen geben.

Ein einzelnes Werk der gleichen Zeit in Aufheim, eine stehende Muttergottes mit gefalteten Händen, mag dort als Relikt der untergegangenen frühbarocken Ausstattung der bis 1784 erhaltenen mittelalterlichen Benediktinerkirche Wiblingen Aufstellung gefunden haben. Wenn diese Vermutung zutrifft, wäre die Figur mit dem Namen des Hans Theuffelich (Teufel) aus Memmingen, dem Meister einer Wiblinger Neuausstattung von 1618/30, in Verbindung zu bringen. (Ein gleichnamiger Memminger Bildhauer wurde 1635 nach mehrjährigem Aufenthalt von Martin Zürn aus Wasserburg am Inn vertrieben.)

Unbekannt blieb der Kunstgeschichte ein hervorragendes Einzelwerk des Bronzegusses vom Beginn der soeben besprochenen Zeit, der 90 cm hohe Kruzifixus in Wullenstetten. Nach A. Miller sprechen für eine Zuschreibung an Adrian de Vries (1545–1626, in Augsburg 1596–1602) »lebendige, sinnliche Modellierung der Körperoberfläche und die lockere, fast skizzenhafte Anlage der Haare...«

Die Malerei der Renaissance hat in unserem Land nur wenige Spuren hinterlassen. Einzigartig aber ist im Jahre 1594 die Umwandlung des uralten romanischen Chorturm-Kirchleins zum hl. Martin in Filzingen in ein Kleinod der Renaissance: Aufstockung des Turms um zwei Achteckgeschosse und Neuausstattung des Innern durch Ernst von Rechberg zu Kellmünz – eine Selbstdarstellung des Regenten und seiner Munifizenz. Die Malerei umfasst das große Jüngste Gericht am Chorbogen, Rankenwerk mit Blüten und Engeln, Kirchenpatrone (Martin und Katharina), das Opfer Kains und Abels, und beim Sakramentshaus: Ecce panis angelorum (Seht, das Brot der Engel) – der Schmerzensmann, zu Seiten des Jüngsten Gerichts: Maria und Johannes den Täufer. Ecclesia und die Evangelisten im Schiff führen gegenüber zum prächtigen Porträt des Stifters mit großem Hund. Das Rechbergsche Prunkwappen an der Westwand über dem Portal ist durch Emporeneinbau zum Teil verloren.

Die mit groteskenartiger Ornamentik als Werke des auslaufenden 16. Jahrhunderts charakterisierten Bilder lassen protestantische Einflüsse erkennen, und der Künstler wird im Kreis der Malerfamilie Sichelbein im protestantischen Memmingen gesucht. Teile ähnlicher Ausmalung mit unvollständiger Jahreszahl 15.. weist die noch ältere, gleichfalls rechbergische Marienkirche in Altenstadt auf. Ansonsten musste im heutigen Kreisgebiet zu vieles später der dann tiefer im Volk eingewurzelten Kunst des Barock weichen. Der von Abt Jodok Treher (1507–1528) trefflich ausgestattete Büchersaal in Roggenburg wurde bereits 1525 ein Opfer des Bauernkriegs. Die Schmuckfreude der Renaissance zu studieren gestattet jedoch eine Vedute des Klosters Elchingen. In Vogel-

schauansicht breitet der unbekannte Maler des Bildes von 1619 – vielleicht war es Johann Andreas Rauch aus Wangen i. A. – die Stiftsanlage auf dem Berg aus. Sorgfältig registrierte er Fassadenfresken an Konventbau, Fürstensaal, »Neuem Bau« und Schmiede. Die Bauten des Klosters waren nach dem Ulmer Überfall im Schmalkaldischen Krieg restauriert oder neu aufgebaut worden.
In den Landsitzen der Ulmer Familien ist kaum ein altes Tafelbild, kein Wandfresko erhalten geblieben. Die Familienporträts wurden bei dem zahlreichen Besitzerwechsel zerstreut; in den Kirchen hat sich als einziges ein Roth-Vöhlinsches Votivbild (Auferstehung), um 1580 gemalt, in der Kirche zu Reutti in unsere Zeit hinübergerettet. Auch das Heimatmuseum Weißenhorn bewahrt zwei Tafelbilder aus der Zeit des Manierismus. Von ikonographischer Seltenheit ist eine in hellen Farben gemalte Holztafel in Biberberg mit dem kreuztragenden Herrn, dem eine große Zahl weiterer Kreuzesträger folgt: Männer, Frauen, Kinder – jeder Mensch, der sein Schicksal auf sich nimmt. Im Hintergrund die phantastische Ansicht von Jerusalem, aus dessen Stadttor ein neuer Zug von Kreuzesträgern herausgeschritten ist. Ein inhaltsreiches Gleichnis des Karfreitaggeschehens, das durch ein prachtvolles Wappen als Stiftung eines Biberberger Patronatsherrn ausgewiesen ist: das Wappen des 1575–86 regierenden Abtes Ulrich Köllin von der Zisterzienserabtei Kaisheim.
Lebendige Ortsgeschichte spiegelt eine gemalte Holztafel in der Kirche von Holzheim, das in der Reformationszeit ein Zankapfel des Landesherrn Österreich und der Stadt Ulm als Inhaber des Kirchenpatronats wurde: ein Schutzmantelbild vereinigt Papst Urban VIII., Kaiser Ferdinand II. und den ersten Pfarrer des 1627 rekatholisierten österreichischen Dorfes Holzheim, Anton Schnitzler, unter dem Schirm Mariens.

Bürgerhaus und Bauernhaus nach dem Dreißigjährigen Krieg

Nach dem Dreißigjährigen Krieg, der vieles unterbrach, begann für die Überlebenden in dem entvölkerten Land zunächst die Sorge ums Dasein. Deshalb sei zunächst der Blick auf den schlichten Hausbau gelenkt: das Fachwerk. Zwei datierten, gleichzeitigen Bauten vor dem großen Krieg, dem ehemaligen Salemer Amtshaus in Unterelchingen (1623) und dem Häuserhof bei Gerlenhofen (1624), die als Hauptmotiv die Mannfigur verwenden, steht die größere Zahl der nicht mit Jahreszahl beurkundeten Bauten gegenüber. Eines der Bürgerhäuser in Weißenhorns Hauptstraße (Nr. 16, Reißler) ist an der östlichen Giebelseite, wo das Holzwerk freiliegt, an einem Eckbalken »1673 SL« bezeichnet. Die schönen Mannfiguren und Andreaskreuze findet man hier nicht. Dagegen zeigt das aufwändige und symmetrische Holzwerk des Hofes Nr. 1 in Erbishofen statt der geraden nun die gebogene Form des Andreaskreuzes. Fuß- und Kopfstreben kreuzen sich. Die geschweifte Mannfigur tritt nicht mehr auf. Das Anwesen Benz in Ettlishofen (jetzt dem Kreis Günzburg zugeschlagen) ist wie das Erbishofener Haus ein sehr stattliches Wohnstallhaus; der Giebel ist jedoch dreifach vorgekragt, und die Kopfstücke an den Dachstuhlsäulen sind profiliert; dem Giebel wurde also noch mehr ausschmückende Aufmerksamkeit zuteil.
Ein stattliches Haus mit nahezu gotisch steilem Giebel ist das Gasthaus Deutscher Kaiser in Weißenhorn (Xaver Böck), ehedem äußere Badstube der Stadt. Nur der mächtige Giebel ist in offenem Fachwerk gehalten. Im ersten Giebelgeschoss folgt auf lange und

kurze Fußstreben ein Feld mit Andreaskreuzen, ehe das zweite Geschoss wieder lange Fußstreben aufreiht.
Datiert ist auch das Wohnhaus des Hochbucher Hofes, den das Kloster Roggenburg 1668 erneuerte. Hier ist das Fachwerk rein konstruktiv gebildet mit dem nun auffallenden Motiv der geknickten Fußbüge. Im Obergeschoss sind außer dem alten Fliesenboden zwei verzierte Türgewände in Spätrenaissanceformen erhalten geblieben, die aus der Erbauungszeit stammen. Weitere Fachwerkhöfe finden sich in Asch, Meßhofen und in Biberachzell (Wirtschaft).
Im Übrigen herrschte in vielen Dorfgemeinden des Kreises bei den Bauernhöfen das alles unter einem First vereinigende »Wohn-Stall-Haus« vor; von bescheidenen Ausmaßen und oft in nur übertünchtem Fachwerk gebaut waren die kleinen »Höfe« der Söldner, die zuweilen das ganze Straßenbild bestimmten wie in Bubenhausen, in Buch (Untere Gasse) und in Grafertshofen. Dort scheinen die Fugger im 16. Jahrhundert neben dem eigentlichen Dorfkern, abseits der Straße, eine größere Anzahl von Weberfamilien angesiedelt zu haben, die ihre Sölden entlang der Landstraße errichteten.

Barock und Rokoko Übersicht

Die anderthalb Jahrhunderte nach dem Dreißigjährigen Krieg haben die »Kunstlandschaft« des Landkreises Neu-Ulm am meisten geprägt. Fast jeder Ort außerhalb des »Riedsaumes«, also jenseits der Grenzen des reichsstädtischen Gebiets von Ulm, trägt in seinen Kirchen oder im Ortsbild die Züge des Barock oder des »Empire«. Dabei erscheint es selbstverständlich, dass die Orte, die im 17. und 18. Jahrhundert Sitz einer Herrschaft gewesen sind, am nachhaltigsten von der Kunst des Barock verändert wurden. Für unseren Bereich trifft dies auf die Klosterorte Roggenburg und Oberelchingen zu. Einer der Herrschaftssitze (neben Weißenhorn) einer großen Adelsherrschaft in unserem Kreis lag zeitweise außerhalb der Kreisgrenzen: der der Fugger von Kirchberg-Weißenhorn in Oberkirchberg. Auch im Ortsbild der übrigen Herrschaftssitze im südlichen Kreisgebiet, in Kellmünz, in Illereichen, in Osterberg und in Illertissen waren Amtshäuser, Forsthäuser, Brauereien mit ausladenden Gesimsen oder mit »französischen« Walmdächern ortsbildprägend. Zu den letzteren zählte auch das Rokokoschloss in Bellenberg, das man 1968 dem Straßenbau opferte. Ortsbildprägend sind auch die roggenburgischen Pfarrhäuser in Rennertshofen (schlossartig) und in Christertshofen (Joseph Dossenberger).
In Illertissen bäumte sich die Familie Vöhlin 1700 ff. noch einmal gegen den finanziellen Verfall auf und stockte den Schlossanbau auf zum »Französischen Bau« (= Mansarddach); diesen und die Belétage des Herrenschlosses stattete der Italiener Gaspare Mola(r) mit feinem Regencestuck und figürlichen Reliefbildern aus. In der Schlosskapelle ebendort ließ sich der letzte Schlossherr Johann Joseph von Vöhlin gemeinsam mit dem Freskanten an der Decke darstellen als Schöpfer der Rokokoausstattung (1751) der einstmals gotischen Kapelle.
Die Abteien Roggenburg und Elchingen erbrachten im 17. und 18. Jahrhundert auch die eindrucksvollsten Leistungen auf den Gebieten der Architektur und der Ausstattung ihrer Bauwerke.
Elchingen baute nach 1660 die ruinierte Abtei wieder auf, wölbte die Basilika frühba-

rock ein und erneuerte seine Bauten vor allem von 1700 bis 1736; die Kirche wurde in der Zeit des Rokoko von 1746 bis 1752 und zuletzt nach dem Brand (1773) von 1774 bis 1782 neu ausgestattet. Daneben schuf es – soweit das Klostergebiet in unserem Kreis lag – die Rokokokirchen von Straß 1746–48 und von Thalfingen 1751/52.
Roggenburg gelang ab ca. 1720 bis um 1775 der Neubau der gesamten umfänglichen Klostertrakte mit der Kirche und der weitläufigen Ökonomie und bewahrte diese großartige Gesamtanlage bis zu den Feuersbrünsten 1952 und 1957 (Klosterökonomiegeviert mit zwei Torbauten). Daneben schuf es Neubauten oder, zum Teil mehrfach, die Ausstattungen aller Kirchen im Klosterstaat; in unserem Bereich sind es die Kirchen zu Schießen (1682/86), Nordholz 1709 (Turm um 1760), Ebersbach (1752) und Ingstetten (1790) und die Dekoration der Gotteshäuser in Meßhofen (1748), Schleebuch (Turm 1741, Altäre 1772) und Biberach (1782). Ein singuläres Werk ist die Rokokokapelle von 1759 in Dietershofen (bei Obenhausen).
Die Fugger hatten das Patronat über die Neubauten in Illerberg (1690/94), in Witzighausen (1735–40), die Wallfahrtskirche Matzenhofen (1748–1751) und in Ay (1760), in Roth (1760) und in Niederhausen (1760). Daneben lag in ihrem Gebiet die Pfarrkirche des Marktes Pfaffenhofen, die bemerkenswerteste Barockisierung eines älteren Baues (1729).
Auswärtige Klöster schufen Neubauten in Unterelchingen (1723, Zisterzienserabtei Salem), in Wallenhausen (1755 ff., Zisterzienserabtei Kaisheim) und in Finningen (1725) und Beuren (Neuausstattung) die Reichskartause Buxheim.

Das 17. Jahrhundert

»Italienische« oder vermutlich Graubündner Bauleute zog Abt Anselm Bauser von Elchingen schon 1667 zum Wiederaufbau seiner Klosterkirche heran, welche damals barocke Kreuzgratgewölbe in allen drei Schiffen von Chor und Kirche, ferner vierpassförmige Fensterformen erhielt (Zustand bis zur Überkleidung des Kirchenraumes 1746 ff. in Rokokoformen). Dieser Bauzustand ist in einer Grundrissaufnahme von 1700 festgehalten.

Wallfahrtskirche Schießen

Wenig weiß man dagegen über Wiederaufbauten nach dem Schwedenkrieg in Kloster Roggenburg. Wohl aber zeugt der schon 1682–86 emporgeführte Bau der großen Wallfahrtskirche in Schießen (Wallfahrt S. Maria Maior, »Maria Schnee«, seit 1681) von monumental-schlichter Baugesinnung. Ein Vorarlberger Baumeister – wohl Valerian Brenner in Günzburg – hat hier im schmalen Osterbachtal ein das stattliche Dorf weit überragendes Bauwerk für große Wallfahrerversammlungen geschaffen, das als Saalbau mit Wandpfeilern und Stichkappentonne und mit eingezogenem, von Abseitenräumen begleitetem Chor von bedeutender Wirkung ist. Der Chor und seine Abseitenräume und das Schiff sind am Außenbau unter einem einheitlichen Dach von sechs Jochen Länge zusammengefasst, dem kapellenartig nur das Altarhaus vorgestellt ist.
 Die Stuckierung dieser Kirche wurde erst 1720/21 mit großem Aufwand ausgeführt,

vermutlich von Gaspare Mola, der um diese Zeit in Roggenburg Decken im früheren Gästetrakt (später Gasthaus Prälatengarten) stuckierte und der vor allem von den Benediktinerabteien Ottobeuren, Ochsenhausen, Wiblingen mit Aufträgen bedacht wurde. In Schießen ist der Stuck, weiß mit goldenen Kapitellen und Friesen am Gebälk der Wandpfeiler, vor allem figürlicher Art: lebensgroße allegorische Figuren und Heilige, auf den Wandpfeilern stehend und die Westseite des Chorbogens füllend, daneben dekorativer Stuck mit Ranken, Blumen, Girlanden und Akanthus. (An Chor- und Langhausdecke wurde der Stuck 1779 zugunsten der neuen Deckenfresken entfernt.)

Illerberg St. Martin

Sehr im Unterschied zu Schießen kennt die als Werk des Johann Schmuzer von Wessobrunn angesehene Pfarrkirche St. Martin in Illerberg, das einst die bestdotierte Pfarrei des Fuggergebiets hatte, am Außenbild keine Vereinheitlichung von Schiff und Chor. Dies wird durch zwei getrennte Baukörper eines höheren Schiffes und eines niedrigeren Chores sichtbar. Der schmälere Chor schließt halbrund, ohne Abseiten und ohne Attikageschoss. An Chor und Schiff sind die oben halbrunden Fenster durch Blendbogenarkaden in ihrer gliedernden Wirkung verstärkt. Im Innern ruht eine halbkreisförmige Tonne, raumschaffend, auf Wandflächen, die durch Pilastervorlagen gegliedert sind. Jochweise scheiden Gurtbögen die Felder der Stuckdekoration. Diese Felder sind als Quadraturwerk angelegt und mit Lorbeer- und Blattstäben besetzt, im Gewölbescheitel häuft sich großformiges, üppiges Akanthuslaub; Rosetten, Muscheln und Engelsköpfe sind die weiteren Motive dieser Stuckdekoration, die wie der Bau selbst Johann Schmuzer zugeschrieben wird und ein Meisterwerk der »Wessobrunner Schule« darstellt. Mit Schießen und Illerberg besitzt der Landkreis Neu-Ulm zwei wenig bekannte, jedoch sehr qualitätvolle Werke der bayerischen, »Wessobrunner« und der Vorarlberger Baukunst.

Ein Sonderfall ist die 1698 erbaute, dem hl. Johannes Baptista geweihte Mariä-Loreto-Kapelle in Weiler bei Kellmünz (Pfarrei Osterberg), die als Nachbildung der Casa Santa di Loreto eine Kopie der schwarzen Muttergottes von Loreto aufnahm. Die Kapelle wird nur durch Fenster in der Westwand beleuchtet, weist einen Dachreiterturm mit Uhren- und Glockengeschoss auf und ein originelles Barockportal.

Als Profanbau darf den Kirchen von Schießen und Illerberg das (erst um 1870 mit einem Treppengiebel veränderte) ehemals Fuggersche Bräuhaus in Weißenhorn an die Seite gestellt werden, das um 1700 barock gestaltet wurde und über 14 Achsen Länge mit geohrten Fensterrahmungen und Segmentverdachungen bauplastischen Schmuck erhielt.

Das 18. Jahrhundert

Eine Kunstgeschichte des 18. Jahrhunderts dieses Landkreises müsste im Hinblick auf Bau und Ausstattung seiner Kirchen die meisten Orte des Kreises aufzählen. Die bedeutendsten Objekte sind die Wallfahrtskirche Witzighausen aus den Jahren des Frührokoko, die Pfarrkirche Straß und die Klosterkirche in Roggenburg aus der Glanzzeit des Hochrokoko, die Neugestaltung der Klosterkirche Oberelchingen nach dem Brand in zwei Phasen des spätesten Rokoko (Chor) und des frühen Klassizismus (1782–84) und die ebenfalls frühklassizistische Dorfkirche in Ingstetten.
Zeitlich vor den Hauptwerken steht aber eine Gruppe von Bauten, die in unserem Gebiet von einer »Arbeitsgemeinschaft« mehrerer einheimischer Kunsthandwerker gebaut und ausgestattet wurde. Bei der Entwicklung der Barockkunst im Kreisgebiet wirkten sie richtunggebend in dem Sinne, aus Freude am Bauen und an Stuck und Farbe eine volkstümliche Kunst erstehen zu lassen, in deren Vielzahl sodann die Meisterwerke teilweise auswärtiger großer Künstler herausragen.
Diese Gruppe von Bauten, die von 1720 bis 1775 entstanden sind, umfasst folgende Kirchen und Kapellen:

1700/20	Au Wallfahrtskirche
1722/23	Weißenhorn St. Leonhard
1723	Unterelchingen Pfarrkirche
1727	Gannertshofen Pfarrkirche
1729	Pfaffenhofen Pfarrkirche
1736	Oberreichenbach Pfarrkirche
1741	Aufheim Pfarrkirche
1747	Kadeltshofen Pfarrkirche
1748	Diepertshofen Kapelle
1748	Meßhofen Filialkirche
1751	Unterroth Pfarrkirche
1758/59	Ritzisried Filialkirche
1759	Dietershofen Kapelle
1760	Niederhausen Filialkirche
1760	Roth Filialkirche
1774	Betlinshausen Wallfahrtskirche
1778	Untereichen Pfarrkirche
1780	Buch Pfarrkirche
1794	Waldreichenbach Kapelle

Fast alle dieser Bauten wurden von einheimischen Werkmeistern gebaut oder erneuert, so von Johann III. Wiedemann, Johann Georg Hitzelberger, Joseph Dossenberger, Jakob Jehle oder Thaddäus Rief. Der Stuck wurde in Arbeitsgemeinschaft oft mitgeliefert oder von den Stuckatoren Jörg Eitele in Unterelchingen oder seinen Söhnen Christian d. Ä. und Johann Michael Eitele in Weißenhorn mit Stuckaturen in Blattranken und Bandelwerk, später mit Rosengirlanden und Brokatmustern, ausgeführt. Als Maler – und damit als frühester Freskant des 18. Jahrhunderts in unserem Gebiet – stand Johann Jakob Kuen aus Weißenhorn zur Verfügung, der sich aber als Handwerker verstand und nicht signierte. Die von diesen Künstlern ausgeschmückten Kirchen haben neugebaute saalartige Schiffe und zumeist noch die gotischen Chöre, an deren Gewölbe für Stuck- und Gemäldefelder die Rippennetze abgeschlagen wurden. Dass bei diesen barocken Erneuerungen zuweilen auch eine ortsgeschichtlich bedeutsame gotische Kirchenzier geopfert wurde, ist am Beispiel Pfaffenhofens fast gewiss, von dessen Kirche eine Beschreibung – vermutlich aus der Feder eines Informanten des schwäbischen Chronisten Martin Crusius von 1616 – vorliegt.

Wallfahrtskirche Witzighausen

Schon in den Visitationsberichten des 17. Jahrhunderts gilt die Wallfahrtskirche Mariä Geburt in Witzighausen als schönste Kirche des Landkapitels Weißenhorn. Am Anfang des zweiten Drittels des 18. Jahrhunderts hatte die gut dotierte Stiftung genügend Mittel angesammelt, um einen barocken Neubau zu wagen. Die Patronatsherrschaft, Graf Fugger von Kirchberg-Weißenhorn, und der Kaplan der Kirche, Josef Ott, der sein eigenes Vermögen einsetzte, gewannen den als Klosterbaudirektor vieler Stifte gesuchten Christian Wiedemann aus Elchingen, dessen Pläne noch während des Neubaus des Chores, wenig später auch des Schiffes, Änderungen erfuhren. Am Ende stand ein durch abgeschrägte Ecken zentralisierter, über Stichkappen muldenförmig gewölbter Saalraum mit schmalem, tiefem Chorteil, der aus ebenso hell beleuchteten Abseiten indirektes Licht erhält. Die unter einem Dach zu einem Baukörper vereinigten Teile lassen als schlicht (mit flachen Pilastern) gegliederte Raumschale den kostbaren Innenraum kaum ahnen. Dreiteilige Fenster des mittleren Langhausjoches von aufgelöster Form führen auf die auch im Innern durch eine querovale Flachkuppel betonte Mitte.

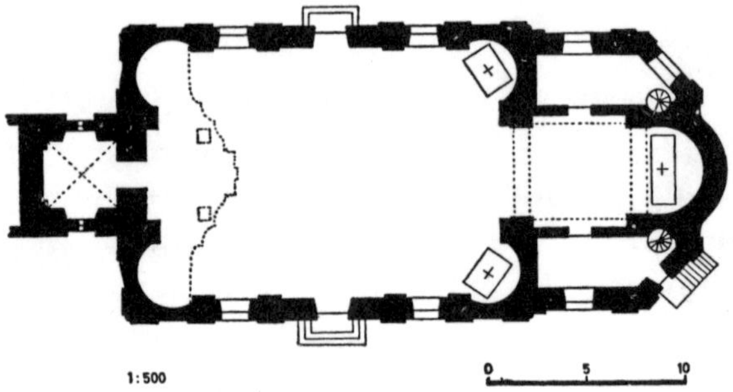

Der Innenraum Witzighausens überrascht zudem durch seine Höhe; die gestreckten Proportionen wirken vor allem durch die Oberlichtfenster, die über dem Kranzgesims liegen und in die Stichkappen einschneiden. Die Anlage der über Wendeltreppen zugänglichen Chorabseiten nährt die Vermutung, dass Bauherr und Architekt ursprünglich an einen zweigeschossigen Wallfahrtsaltar dachten (ehedem auch in der Wiedemann'schen Wallfahrtskirche Stetten ob Lontal), ein Gedanke, der offenbar nicht mehr zur Diskussion stand, als die finanziellen Mittel die Vollendung der Ausstattung erlaubten (Altäre 1757/58). Der Stuck von Gottlieb und Ignaz Finsterwalder geht noch von symmetrischen Formen des späteren Régence aus: Bandel- und Gitterwerk, Ranken und Blätter. Pilasterkapitelle mit Muscheln und Blumengewinden gehören zu den weiteren Stuckmotiven, die in überquellenden Blumenvasen mit vollfigurigen Putten, jeweils auf dem Kranzgesims über den Wandpilastern, Höhepunkte erreichen. Noch hatte die Kirche keine adäquaten Altäre, als der Augsburger Weihbischof Johann Jakob von Mayr 1748 am 12. 9. zur Weihe der Kirche schritt. Dass er in unserem Kreis in derselben Woche noch zwei weitere Kirchen: die Kapelle zu Diepertshofen und die Pfarrkirche in Straß konsekrierte, kennzeichnet die damalige Situation einer Zeit, die sich im Stande fühlte, ihre Welt – unter anderem – durch Bauwerke neu zu ordnen.

Pfarrkirche St. Johannes in Straß

Mit der Johannes dem Täufer geweihten Pfarrkirche in Straß gelang dem baufreudigen Abt Amand Schindele von Kloster Elchingen und seinem in Ehingen ansässigen Architekten Johann III. Wiedemann (1692 Unterelchingen – 1775 Ehingen), einem Cousin des 1678 ebenfalls in Unterelchingen geborenen und 1739 in Elchingen verstorbenen Baumeisters Christian Wiedemann, sein vielleicht bedeutendstes Werk, ein plastisch wirkender Baukörper. Die alte Pfarrkirche, an deren Grundmauern um 1616 der Tübinger Historiker Martin Crusius römische Weihesteine entzifferte und die Abt Meinrad Hummel in seinem topographischen Atlas des Elchinger Gebiets (1697) festgehalten hatte, wurde abgebrochen und der Neubau 1746/48 aufgerichtet. Abt Schindele, Sohn eines Beamten des Fürstabts von Kempten, brachte genügend Selbstverständnis und auch Vertrauen in die finanziellen Kräfte der seit einem halben Jahrhundert wiederaufgeblühten Benediktinerabtei mit ein, um diesen aufwändigen und kraftvoll mit Pilastern und Blendbogen durchgeformten Kirchenbau als sein Werk zu inszenieren (das Bild seines Namenspatrons als Wandfresko im Chor!), gleichzeitig aber auf dem Klosterberg die alte Stiftskirche innen mit einem glanzvollen Rokokokleid zu überziehen.

Am Außenbau in Straß fallen die schon erwähnten, raumplastisch wirkenden Pilasterreihen auf, die mit der Sockelzone und dem horizontalen Gesims Wandflächen ausschneiden, in die, innerhalb von Blendbogen nochmals vertieft, die Rundbogenfenster eingelassen sind. Vordem mögen Schleppgauben auf dem Kirchendach, das – wie das für den Lastenaufzug unterbrochene Hauptgesims des Westgiebels zeigt – als Fruchtschütte benützt wurde, den Bau noch mehr belebt haben. In Abwandlung des schon von der Renaissance und von Christian Wiedemann bevorzugten Typs des mit einer Attika bis zum Hauptdachfirst emporgeführten, eingezogenen Chors schaltet Johann Wiedemann hier im Chor ein zweites Fenstergeschoss mit Oberlichtfenstern ein, sodass Chor und Schiff unter einem First überdacht sind. Im Inneren des saalartigen Langhauses schwingt ein umlaufendes, am Chorbogen endendes Gesims über den Fensterscheiteln jeweils aus. Hier, vor dem Hintergrund von Stichkappennischen des Gewölbes, tummeln sich auch die vollfigurigen, girlandentragenden Putten des Augsburger Stuckators Franz Xaver d. Ä. Feichtmayr, für den die zuweilen etwas »fladenartigen« Rocailledekorationen charakteristisch sind (vgl. Stöttwang).

Der Kirchturm von Straß, neben den Türmen von Roggenburg und Schleebuch einer der schönsten im Landkreis, weist als Nachschöpfung des Turms von Reinstetten bei Ochsenhausen (von Johann Michael Fischer) auf die Querverbindungen und Verflechtungen, die die schwäbischen Abteien auch bei der Beschäftigung ihrer Künstler knüpften: als Werkmeister der Abtei Ochsenhausen hatte Johann III. Wiedemann offenbar wenige Jahre zuvor die Bauausführung in Reinstetten besorgt und später selbst aus den Ideen des Münchner Architekten geschöpft. In Straß bildete sich als zweiter Palier auch Wiedemanns Sohn Dominikus: er wurde daraufhin von seinem Ehinger »Landsmann« Abt Benedikt Maria Angehrn mit der Bauleitung des kühnen Balthasar-Neumann-Baues in Neresheim betraut, einer Aufgabe, von der ungewiss war, ob sie die Kräfte Dominikus Wiedemanns nicht überstieg.

Dass dieser Bau in Straß, der in Chor, Langhaus, Sakristei und Altären mit Malereien des Joseph Wannenmacher aus dem Kloster Elchinger Dorf Tomerdingen (Alb-Donau-

Kreis) überzogen wurde, ungeachtet der gleichzeitigen kostspieligen Arbeiten in der Abteikirche (Rokokodekoration am 10. Mai 1773 verbrannt) die Elchinger Kräfte noch nicht aufgezehrt hatte, beweist die köstliche Innenausstattung der Pfarrkirche St. Laurentius in Thalfingen, die durch Stuck und Fresken ihre heitere Note erhält. Neben Wannenmacher, der die Leben und Wirken des Kirchenpatrons illustrierenden Fresken malte, stuckierten hier 1751/52 offenbar dieselben Künstler, die das später verbrannte »Rokokokleid« der Abteikirche geschaffen haben: ein nicht näher bekannter Johann Kaspar Schmid (im Schiff) und (im Chor) der Landsberger Nikolaus Schütz, ein Stuckator, der im Umkreis von Dominikus Zimmermann wirkte und um diese Zeit aus Elchingen nach Donaurieden gerufen wurde, um das von Dominikus Wiedemann gebaute Schloss des Freiherrn von Ulm-Werenwag mit Stuckaturen zu versehen. Beiden Kirchen, in Thalfingen und in Straß, ist gemeinsam, dass sie nach der Säkularisation Kunstwerke aus der dem Abbruch überantworteten Abteikirche Fultenbach (bei Dillingen) aufnehmen konnten, vermittelt durch den kunstverständigen Thalfinger Pfarrherrn Pater Ulrich Baumgärtner, der schon 1793 als Elchinger Benediktiner den noch intakten Abteibezirk in einem großen, bemalten Pappmodell festgehalten hatte. Über ihn war auch der Ankauf eines prächtigen Altars aus Fultenbach gelaufen, der als künftiger Hochaltar in der Kirche von Straß wiederaufgestellt werden sollte. Vor allem das Figürliche dieses Altars, zwei »lebensgroße« Posaunenengel von stürmischer Bewegtheit der goldenen Gewänder, ist von hoher Qualität. Als Werke Fultenbacher Provenienz wurden sie schon vor Jahrzehnten als Arbeiten des Dillinger Bildhauers Joseph Anton Libigo erkannt, der später als Anselm Libigo Benediktiner in Fultenbach wurde.

Stiftskirche und Prämonstratenserkloster Roggenburg

Die Kunstgeschichte Roggenburgs im 18. Jahrhundert ist zugleich die Geschichte des Neubaus von Kirche und Kloster unter insgesamt vier beteiligten Äbten, die – als Chorherren des der Pfarrseelsorge besonders zugetanen Prämonstratenserordens – auf die vorzügliche Ausstattung der Stiftskirche und der inkorporierten Pfarrkirchen größten Wert legten.

Abt Dominikus Schwaninger begann 1732 – wohl auf der Grundlage eines von Christian Wiedemann gezeichneten, aber nicht überlieferten Gesamtentwurfs – den Klosterbau mit dem Westflügel. Die Anlage eines überhöhten, im Grundriss quadratischen Eckrisalits an der Südwestecke des künftigen Konventgevierts deutete die geplanten Dimensionen des Gesamtwerks schon an. Christian Wiedemann hatte als Werkmeister beim Ludwigsburger Schlossbau um 1700/10 das »Mansarddach« in der höfischen Architektur kennengelernt und es später als Novum in die schwäbische Klosterbaukunst eingebürgert. 1750 setzte Abt Kaspar Geisler den Roggenburger Bau nach Norden fort mit dem Bau des Prälatur-Risalits, an den – eingebunden ins Klostergeviert – die Stiftskirche anschloss. Ihr Neubau dauerte nur die kurze Zeit von sechs Jahren (1752/58), wobei in den Jahren 1754/55 bereits die Stuckatoren und Maler am Werk waren. Schon die Grundsteinlegung am Tag des Ordensvaters St. Norbert, 17. Juli 1752, war von einem barocken Festzug begleitet, wie ihn das Stiftsgebiet nur bei der 600-Jahr-Feier des Klosters 1726 gesehen hatte. Die Künstler schritten in der Prozession mit; der Schilderung des Chronisten verdanken wir – nach dem Verlust der archivalischen Belege – den Namen des Architekten Simpert Kraemer, der noch als 77-Jähriger die Planung in Roggenburg, wohl unter maßgeblicher Beteiligung seines Sohnes Johann Martin Kraemer, verwirklichen konnte, nachdem er einige Jahre zuvor als Klosterbaumeister von Ottobeuren entlassen worden war.

Die Kirche der beiden Kraemer in Roggenburg ist ein Bau, der – im Grundriss dem Bau Michael Thumbs im nahen Wettenhausen nicht unähnlich – sich scheinbar aus mehreren, zum Altarraum hin sich verjüngenden Rechteckräumen zusammensetzt. Auch am Außenbau erscheint die Aneinanderreihung der Fenster-Kolossalpilaster-Folge mit der »Steigerung« der Dreier-Fenster-Gruppe des Altarraumes als »schwäbisch-schlichtes« Gestaltungsprinzip, bei dem allerdings die Staffelung der Dachmassen – vom Sakristei-Risalit bis zum Turmpaar – von außerordentlicher Wirkung ist. Hatte sich Kraemer in Ottobeuren mit den von vielen Seiten eingeholten Ideen der internationalen Barockarchitektur auseinanderzusetzen, so wurde ihm in Roggenburg auch für den Innenraum eine andere, betont schlichte Form der Raumschale zugestanden, in der alles auf die enorme Wirkung einer verschwenderisch-prachtvollen Ausstattung mit Stuck, Malerei und mit marmorierten Schreineraltären ausgerichtet wurde. Der lichtdurchflutete Kirchenraum schließt über einem umlaufenden Gesims und Eckzwickeln in flachen Spiegeldecken mit riesigen Gemäldefeldern. Nur über dem schmalen Altarraum ist der Gewölbegurt noch ein Bogen, auf dem eine Art Flachkuppel lastet.

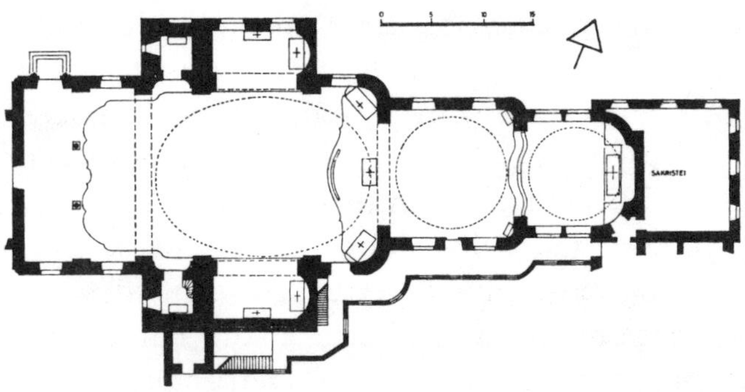

Schon seit 1754 waren in dieser Kirche, die das großartigste Gesamtkunstwerk unseres Landkreises darstellt, die Stuckatoren und Maler am Werk. Das Niederlegen der mittelalterlichen Basilika war mit dem Neubau Hand in Hand gegangen; der von zahllosen Kräften getragene Bau erfuhr keine Unterbrechung, als im selben Jahr 1753 sowohl der Abt als Bauherr, der greise Architekt und auch der Meister des Hochaltars (Johann Georg Bergmüller von Türkheim) durch den Tod abberufen wurden.

Die wenig aufwändige Architektur des Innenraumes sollte in einer reichen, weiß-goldenen Stuckzier verzaubert werden. Züngelnde Rocaillen mit goldenen Palmetten und fliegenden Putten formieren in den sechzehn Eckzwickeln der vier Haupträume von Chor und Schiff die Kartuschen, deren Malereien in herrlich lichten Farben das Hauptdeckenfresko flankieren. Die Allegorien der vier Kardinaltugenden sind so sehr mit dem Raum, der Architektur und mit dem Hauptfresko verbunden, dass der Rahmen keine Bildgrenze mehr bleiben kann. Die Laster, welche von den Tugenden ins Verderben gestürzt werden, fallen in der Tat aus der Szene heraus. Plastisch bäumen sich diese »Antipoden« aus dem Bild, sie gehen aus der Malerei ins vollplastische, farbig gefasste

Stuckbild über. Die zwölf weiteren Stuckartuschen sind in gleich souveräner Weise geformt, vom Freskanten jedoch mit Ton-in-Ton-Malereien gefüllt. An diesen Kartuschen wird deutlich, wie auf dem Höhepunkt des »schwäbischen« Rokoko im fünften und sechsten Jahrzehnt des 18. Jahrhunderts Stuckator und Freskant Hand in Hand arbeiten, so wie dies schon etliche Jahre früher die Brüder Asam in Osterhofen in genialer Weise erprobt hatten.

Die Namen der Stuckatoren in Roggenburg sind bis heute nicht bekannt, weil die Quellen verloren sind. Wir sind aber nahezu sicher, dass einige der großen Namen: wie Johann Michael Feichtmayr, Jakob Rauch oder Ignaz Finsterwalder, vielleicht auch Johann Georg Übelhör, unter ihnen sind. Die große Ähnlichkeit der Formen legt den Gedanken nahe, diese Gruppe, die 1754/55 in Roggenburg stuckiert hat, habe ein Jahr darauf in der Zisterzienserinnenkirche Gutenzell den Stuck geschaffen. Ein Vergleich der Details mag Klarheit bringen.

Die Roggenburger Kirche barg zugleich die Hauptwerke des bedeutendsten einheimischen Malers: Franz Martin Kuen von Weißenhorn (1719–71). Als 35-Jähriger malte er das 1754 signierte Hochalterbild. Doch die vier großen Deckenspiegel der Kirche mussten 1901 neu freskiert werden, weil schon 1845 ein defektes Fresko und der Unverstand der Zeit zum Verlust aller vier Bilder von Kuen geführt hatten, welche – vergleicht man das von ihm 1754/57 in anderen Kirchen Geschaffene – sicherlich seine schönsten Werke waren. Nicht die Kraft der genialen Erfindung allein, »die Invention«, ist das wichtigste Kriterium seiner Werke, sondern die perfekte Anwendung der Farbe, vom Changieren der fast weißen Töne im Licht bis zur Widerspiegelung benachbarter Töne im Schatten von Gewandfalten, dazu die mühelose Zeichnung: sie alle lassen (und ließen) Roggenburg zu einem Glanzpunkt schwäbischer Rokokomalerei werden (wie dies schon der kurze Beitrag »Kuen« in Ladvocats »Handwörterbuch« von 1785 ahnen lässt). Bedeutungsvoll erscheint in diesem Zusammenhang die Rolle des Abtes Georg Lienhardt (1753–83) als Inspirator, der – selbst Sohn und Enkel Überlinger Maler – von Kuen den ganzen Heiligenhimmel des Prämonstratenserordens, den er schon als Novizenmeister für seine Hörer zusammengestellt hatte, an die Türgerichte in den Gängen der Roggenburger Klausur malen ließ (vieles derzeit übertüncht).

Von Kuen birgt die Kirche heute noch die sechzehn Zwickelfresken, die Fresken der Querhausarme und der Turmkapellen – unter ihnen die seltene Darstellung »Christus in der Weinkelter« –, drei Bilder an der Unterseite der Orgelempore und vierzehn große und kleine Altarblätter. Das Kloster bewahrt die Fresken Kuens in Sakristei, Refektorium und im Kapitelsaal, dazu die Bilder des Priorats und der Prälatur. Während die signierten und 1765 datierten Bilder des Kapitelsaals dank der Denkmalpflege des bayerischen Staates (Landbauamt) freigelegt und so wiedergewonnen wurden, harren andere Fresken noch ihrer Entdeckung. Bei ihrer Beschreibung hatte der Chronist von 1751 unseren Kuen mit dem malerischen Genie der Antike, dem Griechen Apelles von Ephesus, verglichen!

Die Abtei Roggenburg mit ihrem Gebiet vermochte auf Jahre hinaus die bedeutendste Altarbauer-Werkstätte Bayerisch-Schwabens, die der Bergmüller in Türkheim, zu beschäftigen. Erwähnt ist ihr »Kopf«, Dominikus Bergmüller, mit der Lieferung neuer Choraltäre für Meßhofen und (Alt-)Ingstetten. Um die gleiche Zeit werden in Wiblingen die Türen des schönsten schwäbischen Profanraumes, der Klosterbibliothek, an Bergmüller bezahlt. Die Schreiner des kurbayerischen Städtchens Türkheim konnten

damals mit ihrem reichen Auftragsbestand auch mehrere Bildhauerfamilien ernähren. Als Johann Georg Bergmüller, ein Bruder oder einer der Söhne Dominikus Bergmüllers, 1753 bei der Arbeit am Roggenburger Hochaltar erkrankt und stirbt, ist die Werkstätte groß genug, diesen Verlust auszugleichen. 1755 heiratet ein Sohn Franz Joseph Bergmüller ins benachbarte Weißenhorn. Die Arbeit in Roggenburg verspricht eine Existenzgrundlage auf Jahre. Zwei Jahre später gehen in seiner Werkstätte die endlich verakkordierten drei Witzighauser Altäre ihrer Vollendung entgegen. In Roggenburg sind 1762 und 1764 mehrere Seitenaltäre gefasst worden, wohl kurz nach ihrer Aufstellung. Die letzten Altäre sind der Altar mit dem Dreikönigsbild 1765 und der Altar der Schmerzhaften Mutter mit dem ergreifenden Vesperbild des Türkheimer Bildhauers Johann Leitner von 1768.
Nahtlos fügt sich der prachtvolle, unter Einschluss des kleinen Positivs an der Emporenbrüstung insgesamt vierstöckige Orgelprospekt, der auffallend nur ornamentalen, aber keinen figürlichen Schmuck hat, stilistisch an die für die Bergmüller-Werkstatt gesicherten Altäre. Das Datum des Werkes von dem Ulmer Georg Friedrich Schmahl – 1761 – gilt auch für den meisterhaften, von Rocaillen umspielten Prospekt, wenn auch seine Fassung in Polierweiß auf spätere Vollendung deutet.

Landkirchen des Rokoko

Neben der alles in den Schatten stellenden Kunsttätigkeit im Auftrag der Prämonstratenser im Bibertal leuchten im oberen Landkreis dennoch mehrere Juwele des Rokoko auf. In den Fugger-Herrschaften Weißenhorn/Pfaffenhofen fallen dem Ziemetshauser Architekten Johann Georg Hitzelberger mehrere Aufträge für kleine Neubauten zu: die Kapelle St. Leonhard in Roth und das Kirchlein St. Dominikus in Niederhausen. Das Spätrokoko hat diese schlichten, aber dennoch reizvollen Bauten geprägt (birnenförmige Chorfenster in Roth, Dreiergruppe mit Oberlicht in Niederhausen). In die Stuckaturen sind Fresken von Martin Kuen eingebettet; Roth besitzt noch das Fragment einer Himmelfahrt Mariens, die das Vorbild von Kuens Aletshausener »Himmelfahrt« war. Niederhausen beglückt durch die verkleinerte Wiedergabe von Giovanni Battista Tiepolos »Rosenkranzspende des hl. Dominikus« (Gesuati-Kirche, Venedig).
In unmittelbarer Nachbarschaft hatte Hitzelberger schon 1755/57 in Wallenhausen im Auftrag der Abtei Kaisheim die Kirche erweitert und im Stil des Rokoko umgestaltet. Auch Hitzelberger verwendet – wie Dossenberger und die Kraemer – das Zimmermannsche Dreier-Fenster-Motiv. Die Kirche im Osterbachtal gehörte zu den sechs Kirchenbauten für die Zisterzienser von Kaisheim, auf die Hitzelberger andernorts in einem Empfehlungsschreiben stolz hinweisen konnte. In Weißenhorn scheint Hitzelberger den besten Gasthof der Stadt, die »Sonne«, mit charakteristischem Giebelkontur (vgl. Wallfahrtskirche Vesperbild) neu gebaut zu haben (Haus Mareis, Hauptstraße 12).
Nahe der Iller – die damals keine Grenze war – baute wohl Jakob Jehle von Obenhausen, Stiftsbaumeister von Buxheim, ein »Stuckatorarchitekt«, 1760 die Kapelle Mariahilf in Ay. Stilvergleiche mit der Pfarrkirche von Pleß – sein Werk – und einige »unkonstruktive« Motive, die z.B. am Roggenburger Klostertorbau ihre ursprüngliche Herkunft von Dominikus Zimmermanns Buxheimer Pfarrkirche nicht verleugnen, rücken Jakob Jehle (wie schon bei Wohlhaupter/Lieb erwähnt), diesen vergessenen »Land«-Baumeister, als

Autor mehrerer Bauten unserer Heimat ins Licht. Derselbe »Stuckatorarchitekt« baute die zierlichen Türmchen in Nordholz und Donaustetten (um 1760 und 1763).

Früher Klassizismus – Klosterkirche Elchingen und Dorfkirche Ingstetten

Die an Höhepunkten reiche Kunstgeschichte des 18. Jahrhunderts in unserem Kreis klingt aus mit zwei bedeutsamen Schöpfungen der nachbarocken Zeit, die als »früher Klassizismus« die Epoche von 1770 bis 1800 umspannt. Die Abtei Elchingen verlor am 10. 5. 1773 durch eine Feuersbrunst ihre Kirche, das Schwabenland aber durch den Einsturz des Vierungsturms eine Landmarke. Die stehengebliebenen romanischen Mauerzüge wurden ab 1773/74 wieder ausgebaut durch den fähigsten Stiftsbaumeister dieser Jahre: Joseph Dossenberger (1721–85) von Wettenhausen. Die Tätigkeit beschränkte sich zunächst auf die Wiederherstellung von Chor und Sakristei. Späteste Rokokoformen zeigen die Gebälkstücke des Mönchschores und das neue Chorgestühl. Die entbehrlichen Teile des »Hirsauer« Baues wurden nicht restauriert, der Chor vielmehr einschiffig geschlossen und die ehemalige Vierung mit radial ausschwingenden Wänden »ausgerundet«. Dreiergruppen von Fenstern gliedern die Wände des Chors. Farbiger Außenputz steigert die heitere Leichtigkeit der neuen Architektur, die den romanischen Mauerzügen ihre Masse genommen hat.
Die Souveränität, mit der sich Dossenberger 1773/74 seiner Stilmittel bediente, einen gefälligen, spätbarocken Chor auszubauen, sicherte ihm auch 1782 die Bauführung bei der Einrichtung des Langhauses, bei der Anordnung der Seitenaltäre und bei der Umformung des Hochaltars. Mit den Mitteln flacher Pilasterauflagen (auf den romanischen Pfeilern), welche sich unterhalb der Obergadenfenster mit einem durchlaufenden horizontalen Gesims kreuzen und verkröpfen, lockert Dossenberger die Langhauswände auf. Durch Oberlichter, die mit den Obergadenfenstern ebenfalls Dreiergruppen bilden, erhält auch das Schiff die Lichtfülle des Chors, die die Fresken erstrahlen lässt. Beterker im dritten Joch des Schiffs erfüllen wohl nur einen dekorativen Zweck als Logen in einem noch barock verstandenen »Theatrum sacrum«.
Januarius Zick wurde als Freskant der Flachkuppeln und Deckenspiegel gewonnen, als er nach der Vollendung Wiblingens dort die Baudirektion aus den Händen legte. Die 1782 und 1783 bezeichneten Fresken des Trierer Hofmalers erfüllen auf der Stilstufe ihrer Zeit ihre Aufgabe nicht mehr als gemalte Fortsetzung des Kirchenraums in die Sphäre des Überirdischen. Sie sind der farbige Schmuck eines architektonisch klar abgegrenzten Kirchenraumes. Ihre Wirkung sollte, der an die Decke gehefteter Tafelbilder nicht unähnlich, die erbaulicher Andachtsbilder sein. Farben und Formen dieser Marienbilder sind von großer Klarheit und Schönheit.
Dossenberger war als Baumeister von vier Abteien und zahlreichen Adelsherrschaften ein vielbeschäftigter Architekt: Auch im Straßenbau leistete er bei der Anlage »chausseeartiger« Straßen (für Elchingen) Bedeutendes. Im Privathaus des 1782 für den Kaufmann Vidal erbauten Hauses Klostersteige 27 verwirklichte Dossenberger ein Muster seines Haustyps: ein Walmdachhaus mit korbbogiger Nische in der Mittelachse der Front, mit Doppelflügeltür und Zwerchgiebel.
In Biberachzell baute Dossenberger einen schlanken Kirchturm; auch bei der Erneuerung des Kirchenraumes (1772) ist seine Hand spürbar. Roggenburg bediente sich dieses

Meisters beim Bau seiner aufwändigen Pfarrkirche Breitenthal (Landkreis Günzburg). Die Filialkirche St. Agathe in Ingstetten ist das Werk des letzten Roggenburger Abts Thaddäus Aigler (1789–1802). Vielleicht zog der aus Günzburg stammende Prälat den vorderösterreichischen Baumeister Kaspar Zengerle bei, der als Architekt der gleichzeitigen und in vielem ähnlichen Pfarrkirche Burgau eine bemerkenswerte Leistung vollbrachte. Innerhalb von drei Jahren entstand diese als Bau und in der Ausstattung einheitliche klassizistische Kirche. Das saalartige, walmgedeckte Schiff mit gleichmäßig gereihten halbrunden Fenstern hat eine flache Spiegeldecke. Ein mit Zahnschnitt und vergoldetem Eierstab versehenes Gesims umschließt den Raum, dessen Decken durch gurtartige Korbbögen in Felder aufgeteilt sind: im Schiff ein nahezu kreisrunder Deckenspiegel, der fast den ganzen Gemeinderaum überspannt. Nur die Empore bildet auch an der Decke ein selbstständiges Joch. Vasen mit Putten und die als Wandgehänge angebrachten Kreuzwegfresken sind die einzige, rein dekorative Betonung der noch unter Dossenberger, Martin Kraemer und Hitzelberger obligatorischen, auch ausschwingenden Betonung der Mitte. Die Kirche ist, wie der Roggenburger Bibliotheksaal, von Benedikt Schuhbauer eingerichtet, mit Kanzel und Altären, die gleichsam im Dekor erstarrte Rokokoaltäre sind. Farblich mit dem lichten Grün der Tünche, dem Weiß und Gold der Bauglieder harmonisierend, sind die in kräftigen klassizistischen Lokalfarben gemalten Deckenfresken ihr vorzüglichster Schmuck. Sie sind die besten Werke des Weißenhorners Konrad Huber, die ihn, 39-jährig, auf der Höhe seines Schaffens zeigen. Alle früheren Schwierigkeiten, das Figürliche oder die Komposition zu meistern, sind überwunden. In die Versammlung der Bürger Catanias, die mit dem Schleier der Agathe, eines weiblichen »St. Florian«, das vom Ätna drohende Unheil abwenden, sind trotz aller klassizistischen Feierlichkeit folkloristisch anmutende Nebenszenen und heitere Putten mitaufgenommen. In gleichem Maße gelungen sind auch die Nebenbilder aus der Vita der Heiligen und, im Chor, die Verehrung der Erdteile für Maria.

Das 19. Jahrhundert

Nach der Säkularisation der Klöster 1802, der Mediatisierung der Adelsherrschaften 1806 und dem Rückzug Österreichs aus Schwaben als Folge des Friedens von Preßburg (1805/06) ändern sich auch die Grundlagen für eine heimatliche Kunst völlig. Nur noch wenige Kirchen werden im Laufe der nächsten Jahrzehnte gebaut oder verändert: Senden St. Jodok 1805–1817, Burlafingen 1820. Die Kuratel des Staates wacht mit Argusaugen über den kirchlichen Stiftungsbesitz. Konrad Huber malt jetzt für das bürgerliche Haus in großer Zahl Tafelbilder, religiöse Andachtsbilder, zuweilen auch Bildnisse.
Die Entwicklung des bürgerlichen Hausbaues nach 1800 ist noch kaum untersucht. Eine durch staatliche Maßnahmen ermunterte private Bautätigkeit – wie sie ab 1841/42 die Stadtentwicklung in Neu-Ulm (Festungsbau) einleitete – fehlt im Landkreis Neu-Ulm, jedoch entwickeln sich mit der Emanzipation der Juden ganze Straßenzüge in Altenstadt/Iller und in Osterberg. Unter einzelnen Bauten ist erwähnenswert das 1825 in venezianischem Villenstil errichtete Pfarrhaus in Biberach. Ein kleiner früher Industriebau ist die Turmuhrenfabrik Pechmann in Meßhofen aus den 1850er Jahren. Vom Spätklassizismus beeinflusst sind die zwei repräsentativen Gasthöfe an der Hauptstraße in Weißenhorn, »Hasen« und »Engel«. Der erste größere öffentliche Bau im Bezirk

war 1833/35 die Errichtung des Krankenhauses in Weißenhorn bei der alten Leprosenstiftung St. Leonhard. Im Jahre 1856 beabsichtigte Weißenhorn, anstelle seines ehrwürdigen Fachwerkrathauses einen giebelseitig zur Hauptstraße gestellten neugotischen Prachtbau, verbunden mit Getreideschranne, zu errichten. Es blieb bei den von Baudirektor Freiherr von Stengel gezeichneten Plänen. Ab 1860 geriet die wirtschaftliche Entwicklung infolge des Eisenbahnbaues im Illertal wie zuvor im Donautal in Bewegung. An den Bahnanlagen wurden als charakteristische Neubauten zumeist in Klinkerbauweise Bahnhöfe und Schrankenwärterhäuser erstellt.

Die Stadtpfarrkirche in Weißenhorn

Die Gemeinde Illerzell erbaute 1862/64 eine neugotische Pfarrkirche mit giebelseitig vorangestelltem Spitzturm in ähnlich historisierendem Stil, in dem zur selben Zeit in Jedesheim (1855/56) und in der Stadt Neu-Ulm unter Georg von Stengel die beiden Kirchen gebaut wurden. Der Kircheneinsturz 1859 in Weißenhorn hatte nach ausgedehnten Planungen 1860ff. einen Neubau zur Folge, der zu den bemerkenswertesten Raumschöpfungen des 19. Jahrhunderts in Bayern gezählt wird. Die Bauaufgabe übertrug König Max II. dem Münchner August von Voit, Schüler Friedrich Gärtners und Erbauer der Neuen Pinakothek und des Glaspalastes. Sie bot Voit, der noch Architekt und Ingenieur in einem war, Gelegenheit, in mehreren Planungsstadien ein ausgereiftes Kirchenbauwerk zu schaffen, das sich durch seine Synthese mehrerer Stilformen zu einer eigenen Schöpfung den Bezeichnungen des Historismus, wie »neuromanisch«, »neugotisch«, »byzantinisch« entzieht. Ihre besonderen Vorzüge charakterisiert Habel so: reich gegliederter, ausgewogener Grundriss, additive Aneinanderreihung gleichberechtigter, überkuppelter Raumkompartimente, dünne, frei in die Halle gestellte Bündelpfeiler. »Wände und Pfeiler entbehren jeglicher Massigkeit und Schwere, jeder dynamischen Aktivität; wie dünne, geblähte Folien spannen sich die Flachkuppeln und sphärischen Gewölbeflächen über den gleichmäßig reich und klar durchlichteten, still in sich ruhenden Hallenraum, in dem eine Vielzahl zart profilierter Bogenformen in gleichmäßigem Rhythmus lautlos auf- und niederzuwogen scheint« (Habel).
Die Weißenhorner Kirche ist nicht nur die einzige Raumschöpfung des 19. Jahrhunderts von hohem Rang im Landkreis Neu-Ulm, sie wurde – auch wenn ihr spröder Außenbau immer etwas fremd im Bild einer mittelalterlichen, vom Barock mitgeprägten Kleinstadt bleiben wird – das sakrale Hauptwerk der Maximilianszeit in Bayern, einer Zeit, welcher das Stadtbild der Landeshauptstadt so bedeutende Akzente verdankt.

Ortsregister (Ulm und Landkreis Neu-Ulm)

Bildnachweis

Wolfgang Bauer 12 27 44 63 95 100 101 104
Martin Duckek 1 4–9 11
Joachim Feist 13 20 29–31 33–35 40–43 48–54 56–62 64 72 76 79 80/81 85–87 91 92 96 97
Manfred Jacobsen 36
Anton H. Konrad 2 3 14–17 19 21 23–26 28 32 37–39 45–47 55 65–71 73–75 77 78 82 88–90 93 94 98 99 102 103 105–116 118 120
Anton H. Konrad Verlag (Wolf-Christian von der Mülbe) 10 22
Landratsamt Neu-Ulm (Jürgen Gaiser) 117
Fritz Schuster 83 84 119